COMPAGNIE RIANT.

CHEMIN DE FER

DE PARIS A ROUEN, AU HAVRE ET A DIEPPE,

PAR

LA VALLÉE DE LA SEINE.

MÉMOIRE

DE MM. POLONCEAU ET BÉLANGER,

INGÉNIEURS DES PONTS-ET-CHAUSSÉES.

JANVIER 1837.

CHEMIN DE FER

DE PARIS A ROUEN, AU HAVRE ET A DIEPPE,

PAR

LA VALLÉE DE LA SEINE.

PREMIÈRE PARTIE.

CONSIDÉRATIONS GÉNÉRALES SUR LE CHOIX DE LA DIRECTION
DU CHEMIN DE FER PROJETÉ.

L'opinion des hommes éclairés est depuis long-temps fixée sur les avantages généraux et particuliers qui doivent résulter de l'établissement d'un chemin de fer entre Paris et Rouen. Les relations si multipliées qui déjà existent entre ces deux villes, sont un sûr présage de l'immense circulation qu'exciterait une communication rapide, permettant d'aller deux fois en un jour, sans fatigue et à un prix modéré, de l'un à l'autre de ces puissans foyers de commerce et d'industrie. L'expérience nous a appris, et elle seule a pu nous apprendre, le prodigieux accroissement qu'occasionne dans les transports des personnes et des marchandises, un pareil établissement, *lorsqu'il a lieu dans des circonstances favorables*. L'heureuse situation qui fait de Rouen tout à la fois un riche port de mer, et le centre d'une immense production manufacturière, place cette ville au premier rang, parmi celles qui promettent des succès à l'industrie des chemins de fer.

Mais Rouen n'est pas la seule ville importante du beau département de la Seine-Inférieure. Le port du Havre l'emporte sur le chef-lieu par son commerce maritime; Dieppe aspire à devenir le point de passage des nombreux voyageurs qui parcourent la distance de Londres à Paris; d'un

1

autre côté, Rouen a dans son voisinage deux villes, Elbeuf et Louviers, qui participent à son activité industrielle.

De là vient naturellement l'importante et grave question de savoir si en établissant un chemin de fer de Paris à Rouen, il ne serait pas utile de faire jouir du même avantage les ports du Havre et de Dieppe, les villes d'Elbeuf et de Louviers, surtout s'il était possible de créer un système d'embranchement qui atteignît ces divers buts d'une manière satisfaisante.

Ici les opinions semblent se partager.

Les uns pensent que la trop grande extension d'une entreprise peut en compromettre le succès; que dans l'état actuel, la navigation à vapeur fournit entre le Havre et Rouen une communication commode, rapide et peu dispendieuse; que les relations de Dieppe avec Paris ne sont pas, quant à présent, assez importantes pour justifier l'établissement d'un chemin de fer, et qu'elles ne pourront le devenir que lorsque le port de Dieppe aura reçu des perfectionnemens, dont l'exécution peut être encore long-temps différée, et lorsque les progrès de la navigation à vapeur auront sensiblement abrégé la durée de la traversée de Dieppe aux ports d'Angleterre; que même alors, il est bien douteux qu'en présence du chemin de fer qui va prochainement s'établir de Paris à Calais, et de Douvres à Londres, la ligne de Dieppe et Brighton, exigeant une traversée en mer trois ou quatre fois plus longue, puisse être préférée par les nombreux voyageurs que ce nouveau moyen de transport attirera d'Angleterre en France, et de France en Angleterre.

Les autres présentent en faveur du Havre l'espoir d'en faire le point de départ d'un grand commerce de transit au travers de la France; la ligne du Havre à Paris est à leurs yeux la condition nécessaire de l'exécution des lignes de chemin de fer de Paris à Strasbourg et de Paris à Lyon; à l'objection tirée de la concurrence de la navigation entre le Havre et Rouen, ils opposent les difficultés qu'entraînent le régime de la douane, les frais et les lenteurs des transbordemens, les obstacles des mauvais temps et les interruptions de l'hiver; enfin toutes les causes qui font que dans l'état présent, beaucoup de transports se font du Havre à Paris par la voie de terre. En faveur de Dieppe, ils font valoir sa position, la plus rapprochée de la ligne directe de Paris à Londres: l'inconvénient d'une plus longue traversée en mer est, selon eux, compensée par la facilité de cette traversée; car entre Brighton et Dieppe, la Manche est toujours moins agitée que dans le détroit du Pas-de-Calais ; ils assurent que bientôt des paquebots à vapeur d'une grande puissance effectueront le passage de Dieppe en Angleterre en six heures ; enfin, tout en reconnaissant que l'importance future de Dieppe ne justifierait pas l'établissement d'un chemin de fer spécial entre Paris et cette ville, ils remarquent qu'un embranchement de 13 lieues, à partir de la ligne de Paris à Rouen et au Havre, suffira pour faire jouir la ville de Dieppe des avantages qu'ils réclament pour elle.

Au milieu de cette divergence de jugemens, dont nous ne faisons qu'indiquer rapidement les motifs, apparaît une vérité frappante que la compagnie Riant a adoptée comme principe fondamental, dès l'origine des études de son projet, et qui, long-temps contestée, est aujourd'hui généralement admise, c'est qu'il faut établir, *d'abord et le mieux possible, le chemin de fer* DE PARIS A ROUEN, avec quelques embranchemens, courts et peu dispendieux, vers les points commerciaux ou industriels les plus rapprochés de cette ligne ; mais qu'il faut aussi concevoir et dresser le plan de cette entreprise de manière à pouvoir successivement l'étendre jusqu'au Havre et à Dieppe, aussitôt que les doutes que la prudence inspire sur l'utilité de cette double extension seront dissipés, et que les bénéfices qu'apportera le chemin de Paris à Rouen à la compagnie concessionnaire, lui permettront de s'occuper de leur exécution.

Tel est le problème que nous avons eu à résoudre, et nous offrons une solution que nous regardons comme véritablement meilleure que celles qui lui sont opposées. La difficulté du choix à faire entre les diverses directions, la multiplicité des intérêts sur lesquels cette création doit agir, l'excitation que causent toujours les entreprises qui exigent de grands capitaux, enfin l'honorable ambition qu'un tel projet met en jeu chez tous ceux qui ont part à sa conception, ou qui espèrent l'exécuter ; tant de motifs expliquent assez le nombre et la vivacité des discussions que provoque un si important sujet. Notre devoir envers nous-mêmes, comme envers la compagnie qui a mis en nous sa confiance, est de défendre avec fermeté notre opinion qui est aussi la sienne ; nous la défendrons en respectant la conviction de nos adversaires, et en espérant les mêmes égards pour la nôtre.

De Paris à Rouen, deux directions principales se présentent d'abord comme les plus raisonnables, si ce n'est comme les seules possibles pour le tracé d'un chemin de fer.

EXAMEN et choix de la direction qu'il convient de faire suivre au chemin projeté, entre Paris et Rouen.

L'une, proposée par M. l'ingénieur en chef Défontaine, chargé par M. le directeur-général des ponts-et-chaussées, des études de la ligne de Paris au Havre et à Dieppe, passerait par St-Denis, Pontoise et Gisors, traverserait les vallées de l'Oise, de l'Epte, de l'Andelle, de sorte qu'elle devrait franchir successivement les plateaux qui séparent Saint-Denis de Pontoise, l'Oise de l'Epte, l'Epte de l'Andelle, et l'Andelle de la vallée de Robecq, par laquelle on descendrait à Rouen.

L'autre, étudiée et proposée par les ingénieurs soussignés, suivrait la vallée de la Seine, dont elle ne s'écarterait que pour couper les grandes sinuosités du fleuve entre Paris et Poissy, entre Rolleboise et Bonnières, entre Gaillon et Venables, enfin entre le Pont-de-l'Arche et Rouen.

Sur les deux lignes, l'espace à parcourir par les convois de voyageurs est à peu près de même longueur (1), mais dans le projet que nous présentons, la pente la plus forte ne dépasse jamais 3 millimètres par mètre, et nous n'avons entre Paris et Rouen que 52,625 mètres de chemin en pente de 3 millimètres, tandis que M. Défontaine a entre les mêmes points, sur une longueur presque double, 101,000 mètres de pentes supérieures à 3 millimètres, lesquelles comprennent des pentes de 3 millimètres et demi pendant 91,600 mètres, c'est-à-dire sur les deux tiers de l'étendue totale de son tracé entre Paris et Rouen ; ce qui entraîne la conséquence que sa ligne serait d'un parcours plus défavorable, c'est-à-dire plus lent à égalité de dépense, ou plus coûteux à égalité de vitesse.

COMPARAI-SON des frais du service des transports.

Quelle est la mesure précise de notre avantage à cet égard ?

C'est une question difficile à résoudre que celle d'établir avec une exac-

---

(1) Pour plus de précision, nous supposerons que les voyageurs doivent être transportés de la Bourse de Paris à la Bourse de Rouen.

Le point de départ de notre projet étant à la rue Saint-Lazare et le point d'arrivée de Rouen au pont de pierre, nous trouvons que nos voyageurs auront à parcourir 136,745 mètres de chemin de fer et 2,600 mètres de chemin pavé.

Dans le projet de M. Défontaine, passant par Pontoise, Gisors et la vallée de Robecq, le point de départ à Paris est à la rue Lafayette, entre la rue du Faubourg-Saint-Denis et celle du Faubourg-Poissonnière ; son point d'arrivée à Rouen n'est pas dans la ville même, ainsi que nous le dirons plus bas. En supposant que la station des voyageurs sur cette ligne soit, comme le dit M. Défontaine, à la route de Neufchâtel, à 300 mètres de l'angle des boulevards Bouvreuil et Beauvoisine, nous trouvons que les voyageurs auraient à parcourir 137,192 mètres de chemin de fer, et 3,500 mètres de chemin pavé.

titude complète, sous le rapport de la rapidité du parcours et du poids
des convois, la comparaison de deux chemins proposés entre deux points
donnés, en prenant en considération tout à la fois les distances à parcourir et les pentes à gravir ou à descendre. Nous avons donné dans notre
Mémoire imprimé en date du premier février 1836, une méthode de calcul que nous croyons digne de confiance, pour résoudre ce problème avec
une approximation suffisante. En l'appliquant de nouveau aujourd'hui aux
deux projets modifiés, on trouve (comme on le verra dans la quatrième partie de ce Mémoire) qu'en supposant un même convoi du poids de 26,600
kilog., remorqué par la machine locomotive que nous avons prise pour
type, la durée moyenne du parcours sur le chemin de fer de Paris à Rouen,
et *vice versá*, serait de 3 heures 26 minutes par notre ligne, et de 3 heures 40 minutes par celle de M. Défontaine ; mais l'économie de temps
en notre faveur ne serait pas seulement de 14 minutes, car on ne doit pas
oublier que le tracé de M. Défontaine oblige les voyageurs de parcourir 900 mètres (1) de chemin pavé de plus que dans notre projet, pour se
rendre au centre des affaires. Sans compter ce que coûtera ce transport en
argent, nous devons porter en ligne de compte le temps qui y sera employé ; ce temps ne peut, à raison de la distance à parcourir et la hauteur
du point de départ à Rouen, qui est à 55 mètres 50 (ou 170 pieds) au-
dessus du quai de la Bourse, être estimé à moins de 8 minutes. Notre avantage *en temps*, en supposant les frais de locomotion égaux, serait donc de
22 minutes, avantage important qu'on ne peut évaluer qu'en cherchant
quelle serait la diminution de poids qu'il faudrait faire subir au convoi
remorqué sur la ligne des plateaux, en supposant toujours la même machine locomotive, pour regagner par une plus grande vitesse la différence
de 22 minutes. Or, en faisant ce calcul, nous trouvons que le poids remorqué sur la ligne par Gisors ne serait plus que de 18,600 kilog. Ainsi
les frais de locomotion pour arriver de Paris à Rouen *dans un même temps
donné*, seraient dans le rapport de 26,600 à 18,600, ou de 100 à 70, ce
qui fait ressortir en faveur de notre ligne une économie de 30 pour cent.

Sans entrer dans le détail des calculs longs et minutieux qui conduisent
à ces résultats, il est facile de reconnaître à quoi tient la supériorité de la
ligne de la vallée de la Seine sur celle des plateaux, sous le rapport de la

(1) 200 mètres à Paris et 700 mètres à Rouen, ensemble 900 mètres.

facilité du parcours. De tous les chemins qui, *avec un même développement,* joindraient deux points *choisis pour le passage d'un chemin de fer*, le meilleur qu'on puisse imaginer, quant à la rapidité et à l'économie du parcours, serait celui qui n'aurait aucune pente, si les deux extrémités étaient elles-mêmes de niveau; ou, dans le cas contraire, celui qui monterait par une pente insensible et toujours la même de l'extrémité la plus basse à la plus élevée. Telle est la perfection idéale dont l'art doit chercher à approcher autant que les circonstances le permettent. Toute ascension inutile, c'est-à-dire précédée ou suivie d'une descente, exige un accroissement de frais de locomotion pour effectuer les transports dans un temps donné, surtout si l'ascension et la descente ont lieu chacune avec continuité et avec de fortes pentes sur une grande distance; dans ce cas, la marche ascendante ne peut profiter que pendant un court espace de la vitesse acquise à la descente ; et quand, après une longue montée, le convoi redescend, on est obligé, pour éviter une accélération de vitesse dangereuse, de laisser dissiper en pure perte la puissance de sa machine locomotive, qu'il faut maintenir en activité, même quand on ne l'emploie pas, afin qu'il n'y ait aucune interruption quand son action redevient nécessaire. Il n'en est pas de même des pentes et contre-pentes qui se succèdent alternativement sur des longueurs modérées; il y a dans ces cas une sorte de compensation, parce que la machine peut sans danger conserver son action à la descente, et qu'alors la vitesse ainsi acquise vient au secours du moteur, dans la montée qui succède.

Si l'on applique ces considérations aux deux projets du chemin de Paris à Rouen, on verra que sur la ligne de Gisors, la somme totale des montées inutiles est évidemment beaucoup plus considérable que sur la ligne de la vallée de la Seine : en effet, en allant par Gisors de Paris à Rouen, on trouve quatre montées formant ensemble une élévation totale de 202 mètres 79 centimètres, et cinq descentes ayant une hauteur de 193 mètres 15 centimètres, tandis que par la vallée, les montées au nombre de sept, n'ont ensemble qu'une élévation de 99 mètres 48 centimètres, et les descentes au nombre de huit, une hauteur totale de 123 mètres 72 centimètres; d'où il résulte que sur notre ligne, les pentes ascendantes, ou descendantes, ont le double avantage d'être moins longues, moins fortes et plus divisées.

Au reste, ce ne sont là que des indications propres seulement à faire connaître, par un simple aperçu, de quel côté se trouve l'avantage sous le rapport de la facilité du parcours; mais nous croyons essentiel de répéter que le seul moyen d'établir, sous ce point de vue, une comparaison positive, consiste dans des calculs du genre de ceux auxquels nous nous sommes livrés, dont les résultats sont consignés dans le tableau n° 1 joint à ce Mémoire, et qui nous ont démontré, qu'en supposant sur les deux chemins une même DÉPENSE de locomotion et une même DURÉE de parcours, la quantité de voyageurs ou de marchandises transportées à chaque voyage, serait de 30 pour 100 plus considérable sur le chemin de la vallée que sur celui des plateaux, ou, en d'autres termes, que les frais de traction pour le transport d'un *même poids, dans un même temps,* seraient de 30 pour 100 moindres sur le premier chemin que sur le second.

Pour les marchandises, le trajet de Paris au port de Rouen est de 2,000 mètres plus court par notre tracé que par celui de M. Défontaine, et ce dernier tracé a de plus le double inconvénient de traverser de plein-pied l'avenue du Mont-Riboudet, sur laquelle il passe une multitude de voitures qui se succèdent presque sans interruption, et de comprendre un plan incliné de dix centimètres de pente par mètre, qui sera à la fois incommode et dispendieux.

Quelque grand et décisif que soit cet avantage, il n'est pas le seul que notre projet offre sur celui de M. Défontaine. Notre chemin arrive à Rouen, près du pont de pierre, pour les voyageurs qui se trouvent ainsi rendus presque immédiatement au centre des affaires; il aboutit pour les marchandises sur le bord de la Seine, et pourra être de plein-pied avec le quai qui sera construit sur la rive gauche du fleuve. Au contraire, le projet de M. Défontaine ne conduit les voyageurs qu'à un point extérieur situé à 1,500 mètres de la Bourse de Rouen.

On essaie de contre-balancer cette supériorité si évidente de notre tracé pour la communication de Paris avec Rouen, en prétendant que notre dépense de première exécution sera plus considérable que celle qu'exigerait la direction des plateaux; et cette assertion est principalement fondée sur ce que nous avons cinq ponts à construire sur la Seine. Nous n'admettons point la conséquence qu'on veut tirer de ce fait, car nous pensons que les grandes dépenses qu'exigeront les viaducs projetés par M. Défontaine, pour traverser les vallées de l'Epte et de l'Andelle,

DÉPENSES.

et l'excédant d'un cinquième dans la longueur de ses souterrains, compenseront au moins l'excédant des dépenses de nos grands ponts sur la Seine; et nous ferons remarquer, en outre, que si, d'un côté, il y a moins de grands ponts pour la ligne de Paris à Rouen, d'un autre côté, il serait obligé d'exécuter trois grands ponts sur la Seine, et 57,000 mètres de chemin de fer, de plus que nous, pour établir les communications avec Louviers et avec Elbeuf, communications qui sont reconnues indispensables par cet ingénieur, puisqu'il a déclaré formellement devant la commission d'enquête de Rouen, que les embranchemens de ces deux villes faisaient partie intégrante de son projet.

PRODUITS.   Ce n'est pas tout; la direction de la vallée a encore sur celle des plateaux un autre avantage qui serait plus que suffisant pour couvrir une augmentation de dépense première, si elle existait réellement de notre côté. Cet avantage, qui frappe au premier aspect et qui grandit à mesure qu'il est plus attentivement examiné, consiste en ce que notre ligne, en raison des populations agglomérées et actives qui se trouvent sur son passage immédiat, ou à sa proximité, donnera lieu à des transports considérables, indépendans des échanges entre Rouen et Paris. Ce n'est pas ici le lieu d'examiner à fond la question économique, dont la compagnie s'est occupée plus spécialement; cependant nous pouvons dire, parce qu'il y a ici entière évidence, que la richesse et l'industrie de la vallée de la Seine suffisent pour assurer le succès de l'entreprise du chemin de fer, tandis que la direction des plateaux ne peut présenter des garanties semblables, ni actuellement, ni dans l'avenir. Ce serait, en effet, une grave erreur de croire que l'établissement d'un chemin de fer puisse créer de nouveaux moyens de production et de commerce, là où les élémens et les conditions naturelles de l'industrie n'existent pas. C'est dans les lieux où d'heureuses circonstances ont depuis long-temps fait naître des foyers de production et de mouvement, c'est là seulement que le temps a un grand prix, et qu'un moyen de transport rapide peut appeler de nouveaux capitaux, accroître les populations, en multiplier l'activité. Mais les territoires essentiellement agricoles, comme ceux des plateaux que parcourt le tracé de M. Défontaine, ont bien moins besoin d'un chemin de fer pour les vivifier et les enrichir, que de routes ordinaires, parce que leurs transports ne se font pas généralement à de grandes distances, ou ne réclament pas une grande vitesse, et parce que leurs habitans sentent peu le besoin de fréquens voyages. La condition absolue du service d'un chemin de fer étant une grande célérité, on évite le plus possible d'établir des stations dans de tels pays, qui n'offrent pas de produits suffisans pour qu'on s'y arrête, de sorte que le passage rapide des convois n'y est qu'un spectacle sans utilité.

L'application de ces remarques au sujet qui nous occupe est manifeste. Il ne peut venir dans la pensée de personne de mettre en parallèle, sous les rapports de la richesse et du mouvement commercial et industriel, d'un côté la ville de Gisors, et d'un autre côté les villes de Poissy, de Meulan, de Mantes, de Vernon, que notre ligne touche ou traverse, et celles de Louviers et d'Elbeuf, auxquelles nous arrivons par de courts embranchemens. Si l'on objecte que le chemin qui passe par Gisors peut desservir les usines situées dans les vallons de l'Epte et de l'Andelle, nous répondrons premièrement que cette ligne traversant ces vallons sur des viaducs très-élevés, ne peut communiquer avec eux que par des plans inclinés, et secondement que notre chemin passant à peu de distance des embouchures de tous les affluens à la Seine, peut desservir non-seulement les vallons de l'Epte et de l'Andelle, mais encore ceux de la Mauldre et de Vaucouleurs, situés sur la rive gauche, au moyen d'embranchemens directs et d'une exécution facile. Nous ne faisons pas entrer dans la balance la ville de Pontoise, parce que notre projet comprend également un embranchement qui en fait partie intégrante, et qui aura le double avantage de lier ce point avec Paris et de le rapprocher de Versailles, son chef-lieu.

Si les dépenses de l'embranchement de Pontoise, qui exige un pont sur la Seine au-dessus du confluent de l'Oise, paraissent un désavantage pour notre tracé, nous ferons remarquer qu'en suivant notre ligne, les deux villes si importantes de Louviers et d'Elbeuf n'exigent, pour être mises en communication avec Paris et avec Rouen, que deux petits embranchemens, l'un de 9,210 mètres et l'autre de 9,780 mètres de longueur, tous deux sans ouvrages d'art remarquables, ce qui rendra leur exécution prompte et indubitable ; tandis que pour établir les mêmes communications, en adoptant le tracé qui passe par Gisors et Blainville (suivant les propositions définitives de M. Défontaine, consignées dans le procès-verbal de la commission d'enquête de Rouen), il faudrait, comme nous l'avons déjà fait observer ci-dessus, exécuter exprès 57000, mètres de longueur de chemins d'embranchemens, et trois grands ponts sur la Seine : le premier au-dessus de Pont-de-l'Arche, le second vis-à-vis

2

Elbeuf, et le toisième à Oissel, pour la communication avec Rouen.

Il est bien invraisemblable d'après cela, qu'une compagnie qui consentirait à courir les risques de l'entreprise du chemin de fer de Paris à Rouen par Gisors, acceptât la charge des communications de Louviers et d'Elbeuf, charge qui, si elle était imposée, comme l'a déclaré M. Défontaine, rendrait son projet totalement inaccessible à la spéculation. Au contraire, les embranchemens vers ces deux villes étant assurés par notre projet dont ils font partie intégrante, celui de Louviers rend possible et facile la continuation de cet embranchement jusqu'à Evreux, dont la communication avec notre chemin principal procurerait une masse importante de produits déterminés par la quantité considérable de voyageurs, de bestiaux et de marchandises qui se rendent journellement du riche pays d'Auch et de toute la Basse-Normandie à Paris, en passant par Evreux; tandis qu'il est impossible de songer à faire passer ces produits par Gisors.

RÉSULTAT de la comparaison des deux directions.

C'est d'après ces considérations et d'après la comparaison des produits à espérer sur les deux lignes de Paris à Rouen, en prenant pour base, non des éventualités hypothétiques, mais l'état actuel du mouvement des populations et des échanges, que la compagnie Riant a définitivement fixé son choix sur la vallée de la Seine, et qu'elle n'hésite pas à se charger de cette entreprise, sans réclamer aucun subside du trésor public. Une telle offre ne peut être attribuée qu'à une profonde conviction, et attirera, nous n'en doutons pas, l'attention du gouvernement et des chambres, qui veulent mettre une prompte fin à des débats trop prolongés, sur la meilleure direction du chemin de Paris à Rouen.

EXAMEN des objections faites au tracé de la vallée de la Seine.

Avant de quitter ce sujet important, nous devons répondre encore à quelques objections qu'on élève contre la ligne que nous préférons.

RÉCLAMATION en faveur des contrées moins riches en moyen de transports, que la vallée de la Seine.

Les unes semblent adressées à la justice du gouvernement : la vallée de la Seine est, dit-on, assez riche, assez favorisée par les deux moyens de communication que lui donnent une grande route et la navigation du fleuve qui elle-même doit recevoir bientôt d'utiles perfectionnemens : n'est-il pas convenable, quand il s'agit d'ouvrir une voie nouvelle, de porter cette création sur d'autres contrées pour les vivifier à leur tour, au lieu d'attaquer par une concurrence dangereuse les intérêts existans, et de compromettre l'exécution depuis si long-temps promise de l'amélioration de la Seine?

Les autres s'adressent à la compagnie qu'on cherche à effrayer également de la concurrence de la navigation de la Seine, qui emportera, dit-on, une partie des produits que les prévisions de la compagnie assignent au chemin de fer.

La réponse est facile.

Le gouvernement ne commettra point une injustice *en autorisant* sans sacrifice du trésor public, un établissement dont l'utilité est incontestable ; et si la compagnie qui s'en charge préfère passer par les contrées que la nature et la civilisation ont déjà le plus favorisées, c'est que la force des choses veut que les chemins de fer ne puissent s'établir avec succès que dans les pays riches, peuplés et actifs.

Quant aux dangers de la concurrence entre la navigation de la Seine et le chemin de fer, nous nous contenterons de faire remarquer qu'une foule d'exemples prouvent que dans les contrées riches en avantages naturels et favorables aux créations industrielles, les chemins de fer et les lignes navigables, ayant chacun leur caractère particulier d'utilité, loin de se nuire, se prêtent plutôt un mutuel secours. Nous citerons notamment la navigation des canaux de Bridge-Water et de Liverpool, sur la Mersey et sur l'Irwell, lesquels servant, il y a peu d'années, aux principaux transports de marchandises entre Liverpool et Manchester, semblaient devoir être paralysés par la concurrence du chemin de fer qui unit maintenant ces deux villes. Mais il n'en est rien ; l'expérience prouve que l'activité immense de la voie nouvelle n'a pas diminué sensiblement les transports par eau.

DANGERS de la concurrence entre la navigation de la Seine et le chemin de fer.

Il n'y a donc aucune raison de croire que notre projet nuise à la navigation de la Seine ; et quant aux intérêts du chemin de fer, loin de redouter pour lui le voisinage du fleuve, nous croyons, au contraire, que ce voisinage lui sera utile sous beaucoup de rapports, d'abord pour l'économie et la célérité de sa construction, en fournissant le moyen d'amener par eau les matériaux nécessaires à proximité du lieu de leur emploi, et plus tard à cause de la facilité que le chemin de fer aura de recevoir les marchandises de la Seine et de lui livrer les siennes, sans autres manœuvres et sans autres frais que ceux d'une grue tournante établie à chacun des points de contact. C'est ce motif qui nous a déterminés à multiplier les rapprochemens entre ces deux voies qui se toucheront en beaucoup d'endroits, notamment à Maisons, à Poissy, entre Mézières et Mantes, à

Jeufosse, au-dessus et au-dessous de Vernon, à l'Ormay, au Vaudreuil, à Criquebeuf et à Rouen.

Quant à la concurrence pour les transports, nous ne la redoutons pas non plus, parce que nous pensons que la rapidité et la régularité du service suffiront pour assurer au chemin de fer les transports, non-seulement de tous les voyageurs et de tous les bestiaux, mais encore de toutes les marchandises de valeur. Cette opinion se fonde sur l'expérience de ce qui se passe sur nos routes actuelles et sur nos canaux ; elle prouve, en effet, que le temps est un capital dont le commerce apprécie toute l'importance, et qu'il sait faire entrer dans ses calculs ; de là vient que malgré l'abaissement considérable des prix des transports sur beaucoup de canaux, le roulage a cependant continué à écraser les routes correspondantes ; que le roulage ordinaire n'a pu, même en baissant ses prix, s'opposer à l'établissement du roulage accéléré dont le prix est double, et que le roulage accéléré ne pouvant encore suffire au besoin d'une rapidité plus grande encore, et de répétitions plus fréquentes dans les communications, n'a point empêché les diligences de transporter à des prix quintuples des siens, une masse de marchandises à laquelle ces voitures ne peuvent déjà plus suffire, malgré leur multiplication progressive, leurs surcharges continuelles et leurs fourgons supplémentaires.

C'est ainsi que les chemins de fer transporteront la plus grande partie des marchandises que les roulages ordinaires et accélérés et les diligences transportent aujourd'hui, et que les rivières et les canaux continueront à servir aux transports des marchandises encombrantes.

CONTINUA-TION du chemin de fer sur le Havre et sur Dieppe. Après avoir envisagé, comme nous venons de le faire, la jonction de Paris avec Rouen, point capital de la grande question qui nous occupe, il nous reste à considérer les moyens d'étendre cette communication jusqu'au Havre et à Dieppe.

NÉCESSITÉ de passer par Rouen. Long-temps M. Défontaine a repoussé la proposition de faire passer *par Rouen* le chemin de fer de Paris au Havre, parce que cette condition contrariait l'idée qu'il s'était faite de la nécessité de joindre Paris au Havre, par la ligne la plus directe, sans égard pour les populations intermédiaires, même celle de Rouen, idée que la compagnie Riant a toujours très-vivement combattue.

Aujourd'hui, il paraît qu'éclairé par la discussion des enquêtes et par les justes réclamations des habitans de Rouen, M. Défontaine reconnaît comme nous, l'obligation de faire passer par cette ville le chemin de Paris au Havre, non-seulement parce que tel est l'intérêt de Rouen, et que tel sera l'intérêt des capitalistes qui se chargeront de cette grande entreprise, mais encore parce que le passage par Rouen est le seul moyen d'obtenir, avec le moins de longueur de chemins de fer et le moins de frais possible, trois communications principales, savoir: d'abord les deux communications de Paris avec Rouen et avec le Havre, et ensuite la communication du Havre avec Rouen, qui est aussi fort importante.

Cette donnée étant admise, il nous reste à caractériser les différences principales qui existent entre les projets proposés par M. Défontaine et par nous, pour prolonger jusqu'au Havre la ligne de Paris à Rouen.

Nous avons dit que le tracé de M. Défontaine passe en dehors de Rouen, à 1,500 mètres du point central de cette ville et à une grande élévation au-dessus du niveau de la Seine. Cette disposition a évidemment deux motifs: l'un est d'éluder, au moins en apparence, la difficulté de descendre au port de Rouen par la vallée de Robecq autrement que par une très-forte pente; l'autre de réduire la pente à gravir pour se diriger de Rouen vers le Havre, par la vallée de Déville.

Nous aurions pu faire usage du même expédient pour réduire également notre pente dans cette même vallée. Il nous suffirait pour cela d'arriver à Rouen par la rive droite de la Seine, en nous tenant à une certaine élévation sur le coteau qui la borde de ce côté. Ce tracé aurait dispensé d'exécuter un grand pont sur la Seine, à l'île de la Croix; mais la compagnie Riant a pensé que nous devions nous attacher avant tout à faire arriver notre chemin dans la ville, sur les bords de la Seine et en communication immédiate avec le port. Cette condition est remplie par les deux branches de notre chemin de fer, dont l'une aboutit sur le quai, à l'entrée du pont de pierre, et l'autre sur le bord du fleuve, au faubourg de Saint-Sever, où la configuration du sol se prête parfaitement aux accroissemens que la ville ne peut manquer de prendre, surtout par l'influence du chemin projeté. Nous croyons, en effet, qu'on ne peut pas sérieusement mettre en balance ces précieux avantages avec le mérite plus spécieux que réel de la combinaison proposée par M. Défontaine; car si elle permet de réduire au maximum de trois millimètres et demi par mètre, la pente dans la vallée de Déville, où notre maximum est de quatre millimètres et demi sur une longueur de 10,165 mètres, cette combinai-

LIGNE spéciale du Havre.

TRAVERSÉE de la ville de Rouen.

son impose à tous les voyageurs qui arriveront à Rouen ou qui partiront de cette ville pour Paris, le Havre ou Dieppe, l'obligation de parcourir 1,500 mètres, dont la majeure partie est en pente rapide, entre le chemin de fer et le centre de la ville, et à toutes les marchandises expédiées de son port, l'incommodité et les frais d'une ascension mécanique à 57 mètres 50 (175 pieds) d'élévation par un plan incliné de 100 millimètres de pente par mètre et de 575 mètres de longueur.

Nous ajouterons que dans la pensée des plus chauds partisans du chemin de fer prolongé jusqu'au Havre, cette portion de la ligne paraît être surtout destinée à des transports de marchandises allant de la mer vers l'intérieur; d'où il suit que la pente dans la vallée de Déville doit être principalement considérée comme *une descente*, et que, par conséquent, la légère augmentation que nous avons dans cette pente n'aurait pas d'inconvénient réel.

Sauf la différence de hauteur du point de départ, au moyen de la différence de pente qui en résulte, et de l'excédant de hauteur de ses viaducs, M. Défontaine arrive comme nous, et en suivant les mêmes directions, de Rouen au Houlme, où il traverse aussi la vallée de Déville et de Maromme, pour passer ensuite comme nous de cette vallée dans celle de Sainte-Austreberte, en traversant le col de Notre-Dame-des-Champs, par un souterrain qui débouche également au-dessus de Poville; puis il suit à très-peu près le tracé de notre embranchement d'Yvetot, par Pavilly, Saint-Etienne et Flamanville.

Il est vrai que nous n'avions présenté la ligne de Poville à Yvetot que comme un embranchement, et que nous avions dirigé la ligne principale du Havre à partir de Poville, vers Duclair et Caudebec, en suivant de là le bord de la Seine; tandis que M. Défontaine prolonge le chemin d'Yvetot jusqu'au Havre, en passant au-dessus de Bolbec. Nous avions été frappés de l'inconvénient de soumettre les transports du Havre à Rouen à l'obligation de s'élever à 65 mètres au-dessus du point culminant de notre premier tracé, situé à Poville, afin de gagner le plateau auquel aboutit le sommet du vallon de Pavilly, pour en redescendre ensuite du côté du Havre, par le vallon de Saint-Laurent. La difficulté de cette descente nous paraissait démontrée par le projet même, rédigé par ordre de l'administration, dans lequel on proposait une pente de 9 millimètres sur une longueur de 10,113 mètres.

C'est dans la vue d'éviter ce double défaut que nous avons proposé notre tracé par Caudebec et le bord de la Seine. Mais les représentans du
Havre, de Bolbec et d'Yvetot, ayant manifesté, dans les enquêtes du département de la Seine-Inférieure, le vœu de ces villes, pour que la ligne
principale de Rouen au Havre passe par Yvetot ; et de son côté M. Défontaine ayant apporté au projet primitif des modifications desquelles il
résulte que, sans allonger le trajet, on peut éviter la pente de neuf millimètres dont nous venons de parler, nous sommes disposés à croire que,
malgré les inconvéniens de ce tracé sous le rapport de l'art, il peut y
avoir lieu de l'adopter, pour se conformer au vœu des populations les plus
intéressées, et à raison de l'économie qui en résulte par la suppression de
l'embranchement d'Yvetot, et nous déclarons que nous consentons à
apporter cette modification dans notre projet. Si l'on observait que ce serait prendre une partie du tracé de M. Défontaine, entre Yvetot et le
Havre, nous répondrions d'abord que l'idée première de ce tracé n'appartient pas à cet ingénieur, mais qu'elle a été produite d'abord par les représentans des villes intéressées ; que nous étions en conséquence libres
de l'approprier aussi à notre projet, et avec d'autant plus de raison que
cette idée n'est qu'une conséquence du tracé de notre embranchement
sur Yvetot, par la vallée de Pavilly, tracé que M. Défontaine a introduit
dans son propre projet ; nous ferions remarquer ensuite que ce dernier
projet est une propriété publique, parce qu'il a été étudié aux frais de
l'état. M. Défontaine ne peut donc trouver étonnant que nous suivions
quelque temps la même direction que lui, pour céder, comme il l'a fait,
aux demandes des localités : d'ailleurs, notre intention ne serait pas de
suivre entièrement son tracé entre Yvetot et le Havre ; une étude particulière que nous avons faite des terrains qui séparent ces deux villes,
nous a appris que l'on peut, sans sortir des limites convenables, approcher plus près de Bolbec que ne le fait M. Défontaine, et que l'on
peut aussi diminuer de beaucoup la longueur de ses souterrains et la profondeur de ses tranchées.

Raisonnant dans l'hypothèse de l'adoption du tracé par Yvetot, Bolbec
et Harfleur, les deux projets à comparer de Rouen au Havre ne diffèrent
plus que par le point de départ de Rouen, qui serait pour nous à la place
Saint-Gervais, et pour M. Défontaine à la rencontre de sa ligne avec la
route de Neufchâtel. Il en résulte, en prenant, comme nous l'avons déjà

fait précédemment, la Bourse pour point central à Rouen , que le projet de M. Défontaine a un parcours de 86,185 mètres sur chemin de fer, et 1,600 mètres sur chaussée pavée, et le nôtre 85,000 mètres de chemin de fer, et 1,200 mètree de chaussée pavée. Ainsi, en outre d'une légère différence de longueur en faveur de notre projet, nous avons l'avantage d'offrir aux voyageurs un point de départ et d'arrivée à Rouen plus rapproché du centre des affaires. Quant à la durée du trajet , elle est la même pour les deux projets, ainsi qu'on pouvait le prévoir, puisque les longueurs du parcours et les hauteurs des points culminans sont à peu près les mêmes.

Quant à la communication immédiate de Paris avec le Havre, le tracé par la vallée de la Seine ne conserve pas, il est vrai, au même degré l'importante supériorité qui lui appartient entre Paris et Rouen, parce que notre ligne tournant autour de cette dernière ville, devient un peu plus longue que celle de M. Défontaine, qui passe de la vallée de Robecq dans celle de Déville , sans se détourner. C'est de là qu'il résulte que notre développement total de Paris au Havre, en passant par le plateau d'Yvetot, est de 225,955 mètres , tandis que celui du tracé par Gisors n'est que de 223,377 mètres ; mais on nous permettra de rappeler une vérité, qui, toute palpable qu'elle est , semble avoir été méconnue par nos adversaires : ce n'est pas par la longueur seulement, mais par la longueur combinée avec les pentes qu'il faut comparer deux lignes de chemin de fer, sous le rapport mécanique du transport , et l'on prévoit déjà qu'une augmentation de moins de 1 p. 100 dans la longueur ne peut pas détruire l'avantage si considérable qui nous reste, quant aux pentes, entre Paris et Rouen. En effet, l'application de notre formule nous apprend que si l'on suppose le même poids de 26,600 kilog. remorqué sur les deux chemins de fer par deux machines égales , le temps du parcours entre Paris et le Havre sera , sur notre ligne (prolongée par le plateau d'Yvetot), de 5 heures 49 minutes , tandis que sur celle qui passerait par Gisors et près de Rouen, il serait de 5 heures 57 minutes ; mais si l'on suppose, comme on le doit, pour faire une comparaison exacte, que la durée du trajet total soit la même (5 heures 49 minutes) sur les deux lignes, nous trouvons que le poids transporté sur la ligne de Gisors, se réduira à 24,600 kilog. , ce qui met en évidence une économie en notre faveur de 7 1/2 p. 100 dans les frais de locomotion d'un poids donné , de Paris au Havre, et *vice versâ*.

Toutes les considérations se réunissent donc jusqu'ici pour justifier le choix du tracé de la vallée de la Seine jusqu'à Rouen, soit qu'on envisage les relations de Paris avec cette ville, et avec les importantes localités qui l'avoisinent, soit qu'on prenne en considération les transports qui doivent partir du Havre ou y arriver.

La question est maintenant de savoir si le juste intérêt qui s'attache à la ville de Dieppe est de nature à obliger de renoncer aux avantages que nous venons de signaler.

S'il ne s'agissait que de faire communiquer par la voie la plus prompte Paris avec Dieppe considéré isolément, ce ne serait ni le projet de M. Défontaine, ni le nôtre, qu'il conviendrait d'adopter; il faudrait après avoir passé l'Oise à deux lieues au-dessus de Pontoise, près de l'entrée de la vallée du Sausseron, remonter cette vallée jusqu'à son origine, et après être arrivé sur le plateau, suivre son sommet, par Pouilly, la Houssaye, le Coudray, Balancourt et Esnoyers, en laissant à gauche les versants de l'Epte, et à droite ceux des vallées de l'Avelon et du Thérain (qui descendent à Beauvais), jusqu'au col d'Esnoyers, situé entre les premiers rameaux de l'Epte et du Thérain : on franchirait ensuite ce col par un souterrain, et on descendrait par la vallée de Neufchâtel jusqu'à Dieppe. Ce tracé, très-direct et très-beau, n'aurait que 40 lieues de développement, et ne présenterait qu'une seule contre-pente entre l'Oise et la mer.

EXAMEN de la direction à donner au chemin de Dieppe.

Mais tout le monde convient que Dieppe, considéré même comme point de passage d'une des communications qui existent entre la France et l'Angleterre, n'est pas assez important pour justifier l'établissement d'un chemin spécial, qui, vu la modicité de ses revenus, ne pourrait être exécuté et entretenu qu'à la charge de l'État.

D'ailleurs, Dieppe a tout autant besoin d'une communication prompte avec Rouen qu'avec Paris, ce qui est démontré par ses relations actuelles avec ces deux villes, puisque même en été où les routes sont toutes également bonnes, la presque totalité des voyageurs et des voitures publiques qui se rendent de Paris à Dieppe, passe de préférence par Rouen, plutôt que par la route de Forges, qui est cependant plus courte de six lieues, et offre des pentes plus favorables.

De là il résulte que le mieux est de rattacher au chemin principal de Paris à Rouen et au Havre, un embranchement qui satisfasse à la double condition de faire communiquer Dieppe avec Rouen et avec Paris; et c'est ce à quoi nous parvenons en faisant partir cette ligne secondaire d'un point de la ligne

3

de Rouen au Havre ; situé dans la vallée de Déville, entre le Moulme et Notre-Dame-des-Champs. Nous traversons, à Touffreville, la ligne de faîte des terrains élevés qui séparent le bassin de Rouen de celui de Dieppe, et nous descendons à cette dernière ville par la vallée d'Arques, que, dès la première présentation de nos projets, nous avons préférée à la vallée de la Scie, suivie alors dans le projet étudié par ordre de l'administration. De cette manière, l'embranchement spécial à exécuter pour Dieppe aurait, dans notre projet, une longueur de .... 55,835 mètres.

La distance à parcourir de Dieppe à Rouen serait de   65,810
Et celle de Dieppe à Paris de...................   206,755

L'embranchement que M. Défontaine propose pour Dieppe se rattache, près de Blainville, à sa ligne de Paris à Rouen, par Gisors et Charleval, et, après avoir remonté la vallée d'Andelle jusqu'au plateau d'Estouteville, qu'elle traverse par un souterrain, elle descend à Dieppe par la vallée d'Arques, que cet ingénieur a fini par adopter.

La longueur du chemin spécial à exécuter pour la ligne de Dieppe, dans ce système, est de............................ 53,807 mètres.

La distance totale à parcourir de Dieppe à Rouen serait de..   70,997
Et celle de Dieppe à Paris de..................   171,089

Il résulte de ces chiffres que notre projet offre un avantage certain quant à la communication de Dieppe avec Rouen, mais qu'il est décidément inférieur à celui de M. Défontaine, en ce qui concerne les transports spéciaux de Dieppe à Paris.

Comme personne, sans doute, ne prétendra que le choix du meilleur système de communication de Paris à Rouen et à la mer, doive être fait, avant tout, dans l'intérêt de Dieppe, on reconnaîtra que pour comparer raisonnablement les deux projets en présence, et peser leurs avantages respectifs, il est indispensable de tenir compte de l'importance relative des communications diverses qu'il s'agit d'établir. C'est ce que nous allons essayer de faire, et pour rendre notre calcul plus simple, nous ne nous occuperons que du transport des voyageurs entre les trois points de Paris, Rouen et Dieppe ; nos conclusions s'appliqueront avec plus de force aux marchandises et aux embranchemens de Louviers, Évreux et Elbeuf, pour lesquels nous avons un avantage marqué. Pour simplifier les calculs, nous laisserons le Havre en dehors de la comparaison actuelle, quoiqu'il participe à l'avantage que nous avons sur Rouen.

Les recherches de la compagnie, représentée par M. Riant, nous conduisent à conclure que sur 900 voyageurs qui parcourront les distances entières ci-après indiquées, il y aura :

De Paris à Rouen, ou retour...... 700 voyageurs.
De Paris à Dieppe, id............ 100
De Rouen à Dieppe, id........... 100

Or, il est facile de déterminer dans quel rapport les frais de locomotion varieront, pour effectuer ces transports, sur les lignes projetées par M. Défontaine, et sur celles que nous proposons. En effet, la même machine locomotive transporte de Paris à Rouen en 3 heures 26 minutes, un convoi de 18,600 k. sur la ligne des plateaux, et un convoi de 26,600 kil. sur la ligne de la vallée. Cela revient à employer pour chaque tonneau le service de la machine, sur la première ligne, pendant   11,07 min.

Tandis que sur notre ligne, cette machine ne fonctionnerait, pour le même transport par tonneau, que pendant   7,74

Un semblable calcul, appliqué aux transports de Dieppe à Paris et à Rouen, donne les résultats résumés dans le tableau suivant :

POINTS DE DÉPART ET D'ARRIVÉE.	TEMPS du PARCOURS.	POIDS REMORQUÉ.		NOMBRE DE MINUTES DE LA MACHINE par tonneau.	
		LIGNES de la Compagnie Riant	LIGNES de M. Défontaine.	LIGNES de la Compagnie Riant	LIGNES de M. Défontaine.
De Paris à Rouen..	3 h. 26 m.	26,600 k.	18,600 k.	7.m. 74	11.m. 07
De Paris à Dieppe..	5 18	21,700	36,600	14 65	8 89
De Rouen à Dieppe.	1 53	26,600	23,100	4 13	4 89

On peut évaluer que le transport d'un voyageur, y compris urgence et bagages , correspond à 1,3 de tonneau remorqué par la machine ; d'où l'on conclura les chiffres du tableau ci-après :

POINTS DE DÉPART ET D'ARRIVÉE.	NOMBRE DE MINUTES DE LA MACHINE par personne.		NOMBRE des VOYAGEURS sur les deux lignes.	NOMBRE DE MINUTES DE LA MACHINE pour les voyageurs ci-contre.	
	LIGNES de la Compagnie Riant	LIGNES de M. Défontaine.		LIGNES de la Compagnie Riant	LIGNES de M. Défontaine.
De Paris à Rouen..	2 m. 58	3 m. 69	700	1,806 m.	2,583 m.
De Paris à Dieppe..	4 88	2 90	100	488	290
De Rouen à Dieppe.	1 42	1 63	100	142	163
TOTAUX......................			900	2,436 m.	3,036 m.

Il se trouve ainsi démontré que les frais de locomotion nécessaires pour rendre le *même service* au moyen des deux systèmes de lignes proposés entre Paris, Rouen et Dieppe, seraient dans le rapport de 2,436 à 3,036, ou de 80 à 100, c'est-à-dire que l'économie en faveur de notre ligne serait de 20 p. 100, ou d'un cinquième, et si l'on considère que dans le calcul précédent nous avons mis de côté les avantages incontestables que nous offrent les embranchemens de Louviers et de la vallée de l'Eure, et que nous n'avons pas eu égard aux marchandises qui seront presque nulles sur la ligne spéciale de Dieppe, en comparaison des masses qui seront échangées entre Rouen et Paris ; nous espérons qu'on partagera la profonde conviction où nous sommes que le projet de la vallée de la Seine mérite la préférence sur celui qui lui est opposé, soit qu'on se propose, comme but principal, la communication de Paris avec Rouen, soit qu'on fasse dominer la pensée de favoriser un grand commerce de transit, partant du Havre pour la Suisse et l'Allemagne , soit qu'on envisage enfin le nombre et l'importance des localités auxquelles il s'agit d'apporter un nouveau principe d'activité industrielle et de richesse commerciale.

RÉSUMÉ.   En résumé, le tracé que nous proposons parcourt les pays les plus riches en industrie et en commerce, et ceux où les populations sont le plus agglomérées ; il lie Paris avec les villes principales et avec les plus grands foyers de fabrication de la Seine-Inférieure et de l'Eure, et ces diverses localités entre elles, par les communications les plus directes, les plus faciles et les mieux appropriées aux habitudes et aux relations existantes ; et en outre il présente, dans le service quotidien et perpétuel des transports, plus d'économie de temps et de dépense que le tracé des plateaux.

Ce tracé présente encore la plus grande facilité pour l'établissement d'embranchemens directs et en pentes très-douces pour toutes les vallées affluentes au bassin de la Seine ; enfin il offre plus de produits immédiats et plus de chances d'accroissemens de ces produits qu'aucune autre direction, parce que ces accroissemens ne peuvent se réaliser que dans les localités qui, comme celles que suit notre tracé, possèdent déjà et naturellement les conditions nécessaires pour les développemens de l'industrie.

La réunion de ces avantages, qui est à nos yeux la condition nécessaire du succès de l'entreprise, a été reconnue par la plupart des commissions appelées à exprimer les vœux des populations dans trois enquêtes successives (malgré les vices inhérens au mode suivi dans ces appels à l'opinion du pays). Elle a été également reconnue et attestée par la grande majorité des conseils municipaux des villes intéressées, des chambres consultatives et des chambres de commerce, qui sont les plus compétentes pour juger les questions économiques des chemins de fer. La réalité et l'importance de ces avantages, l'assentiment général des populations des quatre départemens que ce chemin traverse, à l'exception seulement des personnes ou des communes en petit nombre qui, par des intérêts particuliers, sont attachées à la direction des plateaux, amèneront, nous en avons la ferme confiance, le gouvernement à reconnaître que notre projet réunit, au plus haut degré, et mieux qu'aucun autre, les *conditions d'intérêt public*, et qu'il doit, à ce titre, lui accorder son approbation.

Paris, le 10 janvier 1837.

Polonceau.　　　*Bélanger.*

MOREAU et BAUREAU, imprimeurs, rue Montmartre, 39.

CHEMIN DE FER

DE PARIS A ROUEN, AU HAVRE ET A DIEPPE,

PAR

LA VALLÉE DE LA SEINE.

SECONDE PARTIE.

DESCRIPTION GÉNÉRALE DU TRACÉ PROPOSÉ POUR L'ÉTABLISSEMENT D'UN CHEMIN DE FER DE PARIS A LA MER,

PAR LA VALLÉE DE LA SEINE ET PAR ROUEN.

Le projet se divise naturellement en trois parties. La première est la *ligne de Paris à Rouen*; elle est commune aux deux chemins de Paris au Havre et à Dieppe, et peut être considérée comme le tronc du tracé général. La seconde est la *ligne de Rouen au Havre;* elle fait suite à la première, et constitue avec elle une ligne directe de Paris au Havre. La troisième est la *ligne de Rouen à Dieppe,* qui fait suite aussi à la première, et forme avec elle le chemin de Paris à Dieppe.

La première, et la principale ligne de notre tracé, celle de *Paris à Rouen*, suit constamment la vallée de la Seine, et particulièrement la rive gauche du fleuve, pendant la plus grande partie du trajet; elle aura, à Paris, deux points d'origine, lesquels formeront les têtes de deux embranchemens qui se réuniront en une seule et même ligne, au-dessous des Batignolles, près du chemin de la Révolte.

La première branche, qui aura son origine à la rue Saint-Lazare, près de l'impasse Bisset, traverse en tranchée les terrains de Tivoli, passe en

PREMIÈRE LIGNE de Paris à Rouen.

5

tunnel sous le boulevard extérieur et sous les Batignolles, et débouche dans la petite plaine située entre ce village et le chemin de la Révolte.

La seconde branche, destinée particulièrement au service des quartiers marchands, part de la rue Lafayette, passe, au moyen d'un pont, à 240 mètres de distance de la barrière Saint-Denis, sous le boulevard extérieur, qui sera relevé de 3 mètres 18 ; elle tourne, au moyen d'une courbe d'un grand rayon, autour de Clignancourt, et de la butte Montmartre ; traverse la route de Paris à Saint-Ouen dans sa partie culminante sous un pont ; passe au-dessus de celle de Paris à Clichy, par un viaduc, et rejoint la première branche un peu au-delà, dans l'angle formé par cette route et par celle de la Révolte.

Après le point de réunion des deux branches de Paris, le chemin, composé d'une seule ligne, traverse la route de la Révolte sur un viaduc, et passe la Seine entre le pont d'Asnières et le pont du chemin de fer de Saint-Germain : le rapprochement de ces trois ponts demandé par la commission d'enquête de Paris, dans l'intérêt de la navigation, sera en effet avantageux, en ce que leurs traversées par les bateaux se réduiront à une seule manœuvre prolongée, laquelle sera sans inconvénient et sans danger, parce que le courant sera régularisé par la correspondance des piles des trois ponts.

Au-delà du pont, le chemin passe à la droite de Colombes, et arrive par un grand alignement et une seule courbe au bord de la Seine, près d'Argenteuil, où il traverse le fleuve une seconde fois.

Après cette traversée, le chemin se dirige sur Maisons, en passant derrière le parc du Marais, au nord de Bezons, puis à côté du village de Houilles, près duquel il traverse la route de Bezons à Maisons, au moyen d'un pont de 7 mètres 78 d'élévation ; il arrive près de Maisons, où il traverse la Seine une troisième fois à 650 mètres au-dessous du pont actuel ; entre dans la forêt de Saint-Germain dans laquelle il forme une seule courbe, qui passe derrière la Faisanderie, et en sort au-dessus de Poissy ; il traverse ensuite la route royale de Paris à Poissy et à Cherbourg, par un petit tunnel de 40 mètres de longueur, à 300 mètres de l'entrée de la ville, dont il longe ensuite les murs du côté du sud-est. Il entre en tranchée dans le clos de l'ancienne Abbaye, puis il arrive à Mignaux sur le bord de la Seine qu'il suit constamment en passant sous Vilaines, Médan et Vernouillet ; après ce village, il tourne à gauche pour passer entre ses dernières maisons et celles de Verneuil; au-delà, il s'appuie au pied des coteaux de Chapet, traverse le petit ruisseau d'Orgeval, et passe sous Bonafle et Flins.

Au-delà de ce dernier village, il rencontre la Maudre, passe sous Epônes et sous Mézières; à 3,200 mètres au-delà de ce village, il traverse la route de Saint-Germain à Mantes, et arrive à l'embouchure de la vallée de Vaucouleurs qu'il franchit au moyen d'un viaduc de 7 mètres 98 d'élévation.

Après ce trajet, le chemin est tracé près et au sud de Mantes, où il passe en tranchée pour laisser libres les nombreux chemins qui sortent de la ville de ce côté.

Au-delà, il laisse la route royale et Rosny à sa droite, et parvient à Rolleboise, où il rencontre un cap saillant très-prolongé, qui barre la vallée et rejette la Seine contre les coteaux escarpés de la Roche-Guyon; pour éviter ce détour, le chemin traverse le cap de Rolleboise, au moyen d'un souterrain, ou tunnel, de 2,280 mètres; il passe ensuite sur le flanc du coteau de Bonnières, puis au pied des coteaux élevés et rapides de Jeufosse et de Portvillez, bordés par la Seine et par la route royale de Paris à Rouen et au Havre, au-dessous de laquelle le chemin de fer est établi dans tout ce trajet. Arrivé à la fin de ces coteaux, il tourne à gauche et s'élève doucement sur le plateau de la ville de Vernon, au-dessus de laquelle il passe en tranchée à peu de distance de ses dernières maisons. Au-delà, le chemin suit pendant 3 lieues une belle plaine qui n'est interrompue que par le petit cap saillant du Goulet, que l'on coupe en tranchée. En arrivant sous Gaillon, on rencontre un second promontoire qui barre encore la vallée transversalement et force la Seine à faire un long détour, sous les Andelys; le chemin s'élève d'abord doucement sur le flanc du coteau, en passant près d'Ambevoye, puis au-dessus du hameau du Roule, où il entre en souterrain, pour sortir en tranchée à 1,260 mètres de distance sur le revers ouest du promontoire. Au-delà, il tourne à gauche, descend sur le flanc du coteau de Vérimblès et de l'Onmay, et se trouve à l'origine d'une espèce de cirque formé par une suite continue de coteaux élevés et rapides, disposés en arc de cercle, et qui sont bordés régulièrement par la Seine dans toute leur étendue; le chemin de fer suit le pied de ces coteaux à une hauteur moyenne de 11 mètres au-dessus de la rivière, jusqu'à Saint-Pierre de Vaudreuil, là, il rencontre une belle plaine, qu'il traverse par une grande courbe de niveau et en levée, parce que cette plaine est submersible. Il passe ensuite sous Lery, où il traverse l'Eure, puis contre le hameau de Damps, et à Pont-de-l'Arche, où le chemin est en souterrain pendant 150 mètres de longueur, pour éviter la rencontre de plusieurs grandes routes et des habitations; puis il arrive à Crique-Bœuf, où il passe la Seine, et ensuite au col de Tourville, que l'on traverse en tunnel, sur 700 mètres de longueur.

En sortant du tunnel, le chemin se dirige perpendiculairement au cours de la Seine, qu'il traverse à l'aval d'Oisel, puis il arrive à Saint-Sever, qui est un faubourg de Rouen.

Le chemin de fer communique avec la ville et avec son port par deux directions, dont l'une, pour les voyageurs, conduit à l'entrée du pont de pierre, et l'autre pour les marchandises, se rend sur la rive gauche de la Seine, à la rencontre de la grande avenue de Bonne-Nouvelle avec le quai de Saint-Sever, sur lequel se fait le débarquement de la plupart des marchandises destinées pour Paris et pour l'intérieur de la France.

CONTINUATION du chemin sur le Havre et sur Dieppe.

La direction la plus convenable, et on peut même dire la seule qui convienne pour la continuation du chemin de fer de Rouen sur Dieppe, est celle des vallées de Déville et de Montville, et il n'y a nul motif d'hésiter sur son adoption, parce qu'il n'y en a point d'autre qu'on puisse mettre en comparaison; mais la communication avec le Havre peut s'établir par deux directions différentes: la première et la plus naturelle, est celle qui,

CHOIX A FAIRE entre deux directions.

à partir du point d'arrivée à Rouen au faubourg de Saint-Sever, sur la rive gauche de le Seine, continuerait à la suivre jusque près de la Bouille: cette rive étant ensuite fort escarpée, il faudrait jeter un pont sur la Seine, au-dessus de ce bourg, et suivre la rive droite jusqu'au Havre, en traversant le petit col d'Yainville sous Duclair, en tranchée, pour éviter le détour de Jumièges. En suivant cette direction, le chemin aurait un développement total de 27 lieues et demie entre Rouen et le Havre; son point culminant qui est au col d'Yainville, ne serait qu'à 28 mètres au-dessus de la mer. L'avantage de ce tracé est d'éviter les grandes élévations et les contre-pentes.

La seconde direction est celle qui, suivant, comme le chemin de Dieppe et avec lui, la vallée de Déville jusqu'au village de Houlme, au-dessous de Maromme, quitte cette ligne en ce point, pour tourner à gauche, traverse le petit col de Notre-Dame-des-Champs, qui est très-favorable pour passer de la vallée de Déville dans le vallon de Sainte-Austreberte, et débouche dans cette vallée, au-dessus de Poville. A partir de ce point, le chemin peut redescendre, par ce vallon, à la vallée de la Seine, en passant à Barentin et à Duclair, et suivre la rive droite du fleuve jusqu'au Havre; ou bien, en tournant à droite, remonter le vallon de Sainte-Austreberte, et en passant par Pavilly, Flamainville et Yvetot, gagner le plateau du pays de Caux, et descendre par le vallon de Saint-Laurent, à Harfleur et au Havre. Ces deux directions ont toutes deux l'avantage d'avoir une partie de trois lieues et demie communes avec le chemin de Dieppe, d'être toutes deux plus courtes que la première direction par la Bouille, et d'ouvrir une communication rapide entre Rouen et le pays de Caux, qui a beaucoup de relations avec cette ville. Par ces motifs, nous avons renoncé à la première direction.

Quelle que soit celle des deux autres que nous venons d'indiquer, que l'on adopte définitivement, il ne peut y avoir de doute sur la première partie, qui comprend la traversée de Rouen et l'entrée dans la vallée de Déville et de Maromme, jusque vis-à-vis le col de Notre-Dame-des-Champs, partie qui est commune à la fois aux deux directions qui peuvent être suivies de Rouen au Havre et au chemin de Dieppe. Nous allons en donner la description.

On a demandé que le chemin de fer de Paris au Havre et à Dieppe n'éprouvât nulle part aucune discontinuité : en imposant cette condition, on n'a sans doute pas pensé que l'on pût aller de Paris au Havre et à Dieppe sans s'arrêter; en effet, il est non-seulement convenable, mais même indispensable d'avoir des arrêts déterminés dans les longs parcours, parce qu'il faut arrêter pour renouveler les approvisionnemens de coke et d'eau, pour les besoins des voyageurs et pour le changement des machines locomotives; il ne serait pas prudent et il ne serait même pas possible de faire cinquante lieues de suite, à grande vitesse, avec une même machine. Dès lors, du moment qu'il est reconnu nécessaire d'établir des lieux d'arrêts et de stationnement, on ne peut disconvenir qu'il doit y en avoir un à Rouen, parce que cette ville est un point de station naturel et très-favorable pour les approvisionnemens de toute nature, pour l'établissement des ateliers de réparation, pour celui des magasins d'équipages de rechange, et surtout pour l'inspection du matériel des convois, qui est indispensable pour la sécurité du service, et qui ne peut se faire que pendant qu'ils sont

arrêtés. D'ailleurs, les voyageurs seront bien aises de s'arrêter quelques
instans ; probablement ils l'exigeront, et quand ils ne le demanderaient
pas, il nous semble que l'obligation de s'arrêter quelques momens, de
distance en distance, et deux fois au moins entre Paris et le Havre, doit
être imposée par l'administration, comme mesure d'ordre, de sûreté publique et de police ; et dans le cas où il ne devrait y avoir qu'un seul
temps d'arrêt entre Paris et le Havre, ainsi qu'entre Paris et Dieppe, il
nous semble qu'il devrait être établi à Rouen plutôt qu'en aucun autre
lieu. La durée de ces arrêts doit être de 15 à 20 minutes au moins, pour
que l'on puisse faire une bonne inspection et pour le changement des mo-
teurs. On ne peut douter que les voyageurs ne préfèrent un retard de 20
minutes, aux inconvéniens et aux dangers de la continuation du mouvement pendant 50 lieues sans aucun repos et sans vérification.

Il y aura donc probablement un temps d'arrêt à Rouen, pour les convois de Paris au Havre et à Dieppe ; mais on pourra toujours cependant, au
moyen du tracé proposé, qui tourne cette ville au nord, la traverser sans
s'arrêter un seul instant, si on le juge à propos. Cette traversée de la ville
forme la première section de la partie du chemin de fer, qui sera commune aux deux lignes du Havre et de Dieppe.

DESCRIPTION
de la partie du
tracé commune
aux deux chemins
du Havre et de
Dieppe.

L'origine de cette partie du chemin, commune aux deux services, serait
établie à Sotteville, au point de séparation des deux branches qui conduisent à Rouen (l'une à l'entrée du pont de pierre, et l'autre au quai Saint-
Sever). Là, le chemin tournant à droite, se dirige vers la promenade du
cours, qu'il traverse sur une arcade de 11 mètres d'élévation ; il passe ensuite les deux bras de la Seine, séparés par l'île de la Croix, au moyen de
deux ponts ; puis il rencontre sur la rive droite, la base du cap Sainte-Ca-
therine, au sud de l'église de Saint-Laurent, et à 8 mètres en contre-bas
des routes royales de Paris à Rouen, un peu au-delà du point où les deux
routes de Paris, dites route d'en haut et route d'en bas, se réunissent pour
entrer dans la ville.

Le chemin passe sous cette route au moyen d'un souterrain percé dans
la masse de craie, sur laquelle elle est assise ; ce souterrain ou tunnel, continué en ligne droite sur 545 mètres de longueur, traverse le cap Sainte-
Catherine en entier, et débouche au nord, au-dessous du cimetière, dans la vallée de Darnethal ; il traverse cette vallée sur un viaduc en remblai de 650
mètres de longueur et de 16 mètres 40 de hauteur maxima ; ce viaduc est

percé de sept arcades pour le passage de cinq cours d'eau , d'une rue, et de la route de Rouen à Darnethal ; à 120 mètres au-delà de cette dernière traversée, le chemin rencontre le sol à 150 mètres de distance de l'église de Saint-Hilaire ; là, sera établi un bureau pour les voyageurs de l'est de la ville et des vallons voisins.

Après ce bureau , le chemin ouvert en tranchée dans le pied du coteau qui domine la ville de ce côté, se dirige en courbe vers le boulevard Beauvoisine qu'il suit dans toute sa longueur, par un alignement tracé entre sa contre-allée nord et le sommet des talus qui le bordent de ce côté et dont le chemin de fer occupera une partie.

Cette direction est à peu près la seule qu'il soit possible de suivre pour tourner Rouen sans trop s'écarter de la ville, sans avoir de souterrain d'une grande longueur, et c'est celle qui détruira le moins d'habitations , car dans toute la longueur de ce boulevard, qui est de 1,100 mètres, le chemin ne coupe que des terrains vagues et des talus couverts d'herbes.

Dans ce trajet, le chemin est partie en tranchée et partie en souterrains. Il y a trois tunnels situés dans les endroits où la profondeur excède 16 mètres, et dans ceux où il convient de conserver des communications libres de l'un à l'autre côté du boulevard. Le premier, situé du côté de l'est, a 260 mètres de longueur ; il est déterminé par la nécessité de passer sous quelques maisons et sous un talus très-élevé ; on pourra lui donner des jours latéraux par plusieurs arcades, ouvertes dans le pied des talus du boulevard ; le second, destiné à laisser libre l'entrée du boulingrin, a 150 mètres de longueur ; enfin, le troisième, déterminé par l'élévation du sol et par la rencontre de plusieurs habitations et des rues du Péron, du nord, d'Evnement , de l'Avalasse et de la route de Rouen à Amiens , aurait une longueur de 525 mètres ; il déboucherait au-delà et à l'ouest de la rue de l'Avalasse, où on pourrait établir un bureau de départ et d'arrivée pour ce côté de la ville. Après ce point, le chemin est tantôt en tranchée, dont la profondeur moyenne est de 8 mètres 50, et tantôt en remblai de 9 mètres d'élévation moyenne ; il arrive au niveau du sol sur le revers est du Mont-Riboudet, à l'extrémité du faubourg Cauchoise.

On verra par les plans, les nivellemens et les profils de cette traversée, qu'elle est établie de manière à ne gêner aucune des communications existantes. Sur 32 rues ou chemins que rencontre ce tracé, on en évite 9 par les souterrains ; 11 rues passent par-dessus les tranchées du chemin de

fer, au moyen de ponts de 6 mètres d'élévation ; le chemin passe au-dessus
de 10 autres, au moyen de viaducs ; et 2 seulement, la rue Verte et celle
de la Maladrerie, sont traversées au niveau de leur sol actuel ; elles sont
peu fréquentées, et on pourrait se borner à y mettre des barrières avec des
gardiens ; ou bien on pourra, attendu qu'il n'y a pas d'habitations importantes à ces passages, les relever pour les faire passer au-dessus du chemin de fer.

A la sortie du faubourg Cauchoise, le chemin continue à s'appuyer
contre le flanc des coteaux qui bordent le côté gauche de la vallée de
Déville ; il arrive à l'entrée de cette vallée à 4 mètres 55 au-dessus de la
route royale de Rouen au Havre et à Dieppe, puis il passe derrière les
habitations qui bordent cette route sur une grande étendue, toujours à
l'est et au-dessus des villages de Déville, de Maromme et de Bondeville,
près duquel il traverse l'embouchure du long vallon, sur un viaduc de
23 mètres 97 d'élévation. Au-delà de ce dernier village, le chemin tourne
à gauche et traverse la vallée de Maromme, au-dessous du hameau du
Houlme, sur un viaduc dirigé vers le col de Notre-Dame-des-Champs,
parce que c'est, comme nous l'avons déjà dit, le point le plus favorable
pour passer de la vallée de Maromme dans celle de Sainte-Austreberte.

A l'extrémité du viaduc du Houlme, le chemin arrive sur le flanc du
coteau, à 20 mètres au-dessus du fond de la vallée ; il suit ce revers pendant 1,100 mètres, au bout desquels il arrive au chemin de Notre-Dame-
des-Champs, où se fait le partage des deux lignes du Havre et de Dieppe.

On a placé le point d'embranchement du chemin de Dieppe en cet
endroit, pour éviter la traversée de l'embouchure du vallon de Cailly, près
Montville, qui aurait exigé un grand viaduc, et parce que, au-dessus du
Houlme, les coteaux de la rive droite de la vallée sont plus réguliers que
ceux de la gauche.

A partir du point de partage que l'on vient d'indiquer, le chemin du
Havre, après avoir suivi quelque temps le revers de la rive droite,
traverse le col de Notre-Dame-des-Champs par un tunnel sur 2,425 mètres
de longueur ; puis il débouche dans la vallée de Sainte-Austreberte, au-
dessus de Pissy-Poville.

C'est un peu au-delà de la sortie de ce tunnel que se trouve le point de
séparation de la direction qui descend à la vallée de la Seine par le vallon
de Sainte-Austreberte et de celle qui conduit à Yvetot par la gorge de

Pavilly, dont nous avons parlé précédemment comme des deux directions que l'on peut suivre pour aller de Rouen au Havre. Nous avons rappelé dans la première partie du présent Mémoire les motifs fondés principalement sur la différence d'élévation des points culminans des deux tracés qui nous avaient portés à proposer, en 1835, notre premier projet par Duclair et la rive droite de la Seine, et nous avons fait connaître également les considérations qui, depuis les dernières enquêtes, nous ont déterminés à adopter définitivement le tracé par le pays de Caux, dont nous avions étudié et proposé, en 1835, la première partie seulement comme embranchement particulier pour Yvetot et ses environs.

Ne pouvant préjuger l'opinion qui sera adoptée par le conseil-général des ponts-et-chaussées, sur le choix à faire entre les deux tracés, il conviendrait sans doute de donner ici la description de l'un et de l'autre; mais pour le premier, nous ne pourrions que reproduire la description déjà établie avec détail dans notre Mémoire imprimé en 1835, auquel nous nous bornerons à renvoyer, en faisant observer toutefois que depuis cette publication, nous avons ajouté à notre premier travail et fait remettre à l'administration une variante pour la partie de ce tracé comprise entre le ruisseau de Bolbec et la Lézarde, sous Harfleur, variante qui consiste à relever cette partie du chemin à 25 mètres au-dessus du niveau de la mer. La production de cette variante a eu pour but de détruire les objections élevées contre le tracé du pied des Falaises, et la supposition, que nous ne croyons nullement fondée, de la submersion possible de notre chemin par les vagues dans les gros temps; il résulte en effet de ce changement de tracé une sécurité entière sous tous les rapports, mais on n'a pu l'obtenir que par une augmentation dans le nombre et dans la longueur des souterrains, et par un accroissement de dépense de 1,390,686 fr.

La longueur totale du chemin depuis Rouen jusqu'au Havre, en suivant ce tracé, est de 93,095 mètres, et de Paris au Havre, de 234,050 mètres.

La seconde direction qui passe par Yvetot, prend comme la première son origine à peu de distance de la sortie du tunnel de Notre-Dame-des-Champs. Lorsque nous avons établi, en 1835, le projet d'embranchement d'Yvetot sur notre chemin de Rouen au Havre par la vallée de Sainte-Austreberte, nous avons placé son origine près de Barentin, malgré l'inconvénient qu'il y avait à descendre de 8 mètres 42 depuis la sortie du tunnel jusqu'à ce point, pour remonter ensuite vers le plateau d'Yvetot,

6

par motif d'économie, parce que ce tracé diminuait de 2,170 mètres la longueur de chemin à exécuter pour cet embranchement, et surtout pour diminuer le plus possible l'élévation du viaduc à la traversée du vallon de Sainte-Austreberte, vis-à-vis Pavilly et à celle de la vallée de Saint-Denis un peu plus loin. Mais ces motifs d'économie doivent disparaître lorsqu'il s'agit de faire suivre cette direction à la ligne principale du Havre, pour laquelle l'économie d'exécution première est d'importance secondaire, comparativement à la régularité des pentes et à l'économie du service des transports. En conséquence, nous pensons qu'à partir de la sortie de notre tunnel de Notre-Dame-des-Champs, il convient de soutenir le chemin en pente ascendante continue, en le développant sur les coteaux de la rive gauche des vallons de Pavilly, suivant la direction du tracé de 1835, mais à une plus grande hauteur à raison de l'élévation du point de départ.

La pente pourrait, par suite de cette élévation, être réduite dans le trajet de ce vallon à 3 millimètres et demi jusqu'à son sommet près la route de Saint-Valéry, comme l'a fait M. Défontaine; mais il est à notre avis préférable d'établir des pentes plus douces depuis la sortie du tunnel jusqu'après la traversée du vallon de Sainte-Austreberte, pour diminuer la hauteur du viaduc établi à l'entrée de cette vallée, lequel a, dans le projet de M. Défontaine, une élévation de 32 mètres 90 centimètres : dans ce but, nous avons rompu la pente à ce point, en lui donnant une pente de 0 m. 0022 seulement depuis la sortie du tunnel jusqu'audit viaduc, et 0 m. 0045 au-delà jusqu'au sommet du vallon près de la route de Saint-Valéry, sous Flamainville. Indépendamment de l'abaissement de 8 mètres 60 dans les hauteurs des viaducs de Pavilly et de Saint-Denis, cette combinaison de pente a encore un autre avantage, qui consiste à amortir la vitesse acquise par les convois descendant du plateau avant leur entrée dans le tunnel, que l'on est obligé d'établir en pente pour diminuer le plus possible sa longueur, qui est déjà considérable; au-delà de la route de Saint-Valéry, le chemin est en tranchée sur le plateau, jusque près de la route de Neufchâtel à Yvetot; mais au lieu de se diriger ensuite sur cette ville, comme le faisait notre ancien tracé, lorsqu'elle en était le but principal, il s'en écarte au nord et la laisse à gauche pour faciliter la continuation au-delà.

D'Yvetot à Bolleville, nous adoptons le tracé et les pentes du projet de M. Défontaine.

Entre Bolleville et le Havre, le tracé proposé par M. Défontaine a été déterminé par la condition absolue qu'il s'est imposée de ne pas dépasser la pente de 3 millimètres et demi par mètre ; mais nous pensons qu'il vaut mieux porter cette pente à 4 millimètres et même à 4 millimètres et demi, dans quelques parties, pour éviter l'excès d'élévation du tracé au-dessus de la ville de Bolbec, et pour diminuer la hauteur des viaducs et la longueur des souterrains.

En établissant une pente continue de 3 millimètres et demi pendant 34,600 mètres de longueur, entre Raffetot et le Havre, comme le fait M. Défontaine, le chemin se trouve dans les conditions suivantes :

1° Bolbec se trouve à 1,900 mètres de distance de la ligne principale et ne peut y accéder que par un plan incliné de 8 centimètres de pente par mètre, dont l'origine est à 30 mètres d'élévation au-dessus de l'entrée de la ville ;

2° Le viaduc sur lequel le chemin traverse le vallon de Mirville, situé au nord de Bolbec, a une hauteur de 24 mètres 25 ;

3° On est obligé de creuser le chemin très-profondément entre Saint-Gilles et Berville, sur une longueur de 5,600 mètres, dont 2,940 mètres sont en souterrains séparés par trois tranchées de 31 à 38 mètres de profondeur. Or, bien que cette disposition soit préférable à un souterrain continu, et diminue les inconvéniens de ce tracé, néanmoins ce long passage à cette profondeur sera toujours désagréable et même incommode, parce que les tranchées intercalaires sont elles-mêmes très-profondes, et que leurs entrées sont masquées par les têtes des deux souterrains adjacens à chacune d'elles : d'où il suit qu'elles ne pourront lui procurer que bien peu de lumière et d'air ; qu'il faudra y maintenir constamment de la lumière, et qu'il y aura toujours une humidité et une différence de température très-sensible et fort désagréable pour les voyageurs ;

4° Enfin, il résulte de la condition de la conservation rigoureuse d'une pente uniforme, que l'on est obligé de couper des propriétés d'agrément de grande valeur sur les coteaux d'Ingouville, et ce qui est plus fâcheux encore, d'arriver au Havre à une hauteur de 8 mètres et demi au-dessus des quais, ce qui serait fort incommode pour les embarquemens des voyageurs et des marchandises. De plus, cette chaussée de 26 pieds d'élévation masquerait tout le côté est de la ville ; et comme elle dominerait de beacoup les remparts, elle serait sans doute l'objet d'oppositions de la part des autorités militaires, dans l'intérêt de la défense de la place.

Nous pensons qu'il est désirable d'éviter les divers inconveniens que nous venons d'indiquer sommairement, et que l'on peut y parvenir, sans s'écarter sensiblement, si ce n'est entre le parc d'Auxtot et Saint-Laurent, entre Harfleur et le Havre, des directions du projet de M. Défontaine, qui sont en général bien adaptées aux mouvemens du terrain, mais en changeant les pentes, à l'exception seulement de la partie comprise entre Yvetot et Bolleville.

Nous avons fait connaître précédemment le tracé que nous proposons de suivre, depuis le tunnel de Notre-Dame-des-Champs jusqu'à Yvetot. Nous venons de dire que nous adoptions le tracé de M. Défontaine entre Yvetot et Bolleville : reste le tracé de Bolleville au Havre que nous proposons de modifier.

Nous ne pouvons donner actuellement le projet détaillé de ce tracé, parce que la rigueur de la saison et surtout la quantité de neige tombée dans ces contrées, et un accident arrivé au chef de la brigade de nivellement que nous avions chargé de cette étude, ont forcé d'arrêter le travail ; mais les reconnaissances et les opérations faites, et la concordance de nos données générales avec celles de M. Défontaine, nous donnent la confiance que le tracé que nous proposons peut s'accomplir suivant les indications du nivellement général que nous présentons et qui fait partie du nivellement général de notre projet ; et que les différences que pourraient apporter les résultats des opérations qui restent à faire, seront sans importance réelle, soit pour les pentes, soit pour les longueurs de souterrains, soit pour les hauteurs des viaducs. Ces données sont donc véritablement suffisantes pour que les hommes de l'art puissent apprécier ce tracé et le juger comparativement avec celui de M. Défontaine, dont, nous le répétons, il n'est qu'une modification.

A partir de Bolleville, le chemin, au lieu d'être soutenu de niveau jusqu'à Raffetot, comme le propose M. Défontaine, sera établi avec une pente de 3 millimètres, qui se continuera sous Raffetot, où il traversera un seuil qui sépare deux petites gorges, par un souterrain d'environ 8oo mètres de longueur ; il continuera à descendre avec la même pente, jusqu'à la rencontre du vallon de Mirville, au-dessus de Bolbec, qui sera traversé par un viaduc de 19 m. 54 de hauteur, au lieu de 24 m. 25,   ce qui donne une réduction de 4 m. 71, et permet d'arriver à Bolbec à 24 mètres seulement d'élévation au-dessus de l'entrée de la ville, au lieu de 30 m. 60 c. en donnant une pente de quatre millimètres et demi à l'embranchement de 1,900 mètres sur cette ville.

Après la traversée du vallon de Mirville, le chemin continue à descendre avec une pente de deux millimètres seulement jusqu'à Beuzeville, où il se trouve à la même hauteur que dans le projet de M. Défontaine, et où il traverse également un seuil en souterrain ; puis il suit une pente de o m. 00157 jusqu'au-dessous de Graimbouville, où il parvient au moyen de simples tranchées, qui n'excèdent pas 15 mètres de profondeur, parce qu'il est de 11 mètres moins élevé sur ce plateau, que le tracé de M. Défontaine, et que l'on peut alors profiter des dépressions de terrain les plus favorables, tandis que le tracé en souterrains que l'on est obligé d'établir en ligne droite, même avec ses séparations par des tranchées, pour éviter l'obscurité et les accidens, ne peut suivre ces mouvemens.

Après Graimbouville, le chemin traverse un seuil élevé qui sépare ses bas-fonds de la naissance du vallon Saint-Laurent, où il arrivera au moyen d'un souterrain de 1,500 mètres au plus de longueur, qui débouchera près de Pretôt.

Le chemin descend de Pretôt dans la vallée de Saint-Laurent, avec une pente régulière de 4 millimètres et demi par mètre, jusqu'au vallon de la Lézarde, au-dessus d'Harfleur, qu'il traverse sur un viaduc de 25 mètres d'élévation, au lieu de 30 ; ensuite il tourne le cap saillant de la rive droite, puis il se développe sur le coteau de Graville, et traverse la route royale de Rouen au Havre, entre ce village et celui de Triganville, sur un pont de 7 m. 50 d'élévation. Il se dirige ensuite sur le rond-point que forme la route neuve sur le glacis de la place, à deux mètres d'élévation seulement au-dessus de cette esplanade. On le fera pénétrer facilement, soit jusqu'à la porte Royale, soit jusque dans la ville, à un mètre seulement au-dessus des quais, entre le bassin neuf et le bassin projeté, si les autorités militaires ne s'y opposent pas.

Il résulte de ce tracé, qu'au moyen des modifications que nous proposons, c'est-à-dire en portant les pentes à 4 millimètres au lieu de 3 millimètres et demi sur 6,000 mètres de longueur, et à 4 millimètres et demi sur 26,200 (augmentation compensée en grande partie par des pentes de moins de 3 millimètres dans les parties intermédiaires sur 23,660 de longueur), on obtient les résultats suivans : 1° on réduit de beaucoup les hauteurs des grands viaducs; 2° on évite les excavations continues sur de grandes longueurs, dans lesquelles les souterrains alternent avec des tranchées profondes, et l'on n'a que des tunnels de longueurs modérées, qui étant isolés, seront mieux éclairés et mieux aérés; 3° on arrive au Havre plus facilement, en coupant beaucoup moins d'habitations précieuses, à une hauteur plus favorable pour les embarquemens, et qui ne présente aucun inconvénient sous les rapports de la défense de la ville; 4° et enfin on diminue les dépenses dont l'élévation dans le projet de M. Défontaine est due surtout au nombre et aux dimensions extraordinaires des souterrains et des viaducs.

La longueur totale du chemin de Rouen au Havre, par ce tracé, est de 85,000 mètres et celle de Paris au Havre de 225,955 mètres.

LIGNE de Dieppe.

Le chemin spécial de Dieppe suit, en partant de Rouen, la première partie du tracé que nous avons indiqué dans la description générale du chemin du Havre, comme étant commune aux deux chemins, sur 4 lieues de longueur, jusqu'au point situé sur la rive droite de la vallée de Déville, au-dessus du Houlme, où le chemin du Havre prend la direction du col de Notre-Dame-des-Champs. A partir de ce point, le chemin de Dieppe continue à suivre les coteaux de la rive droite, en passant au-dessus des villages placés à leur pied, jusqu'à 3,400 mètres au-delà de Montville, où il traverse le vallon de Clères, près du village du Tost, au moyen d'un viaduc, pour éviter les saillies de coteaux et les gorges assez nombreuses que l'on rencontre sur la rive droite. Depuis cette traversée jusqu'à Clères, le chemin suit la rive gauche sans interruption, vis-à-vis ce bourg et au-delà, dans la petite gorge des Authiaux, au sommet de laquelle il arrive sur le plateau de Bosc-le-Hard; il passe à l'est et à 3,200 mètres de distance de ce village, et atteint, à Touffreville, la ligne de faîte des terrains élevés qui séparent le bassin de Rouen de celui de Dieppe.

Pour traverser ce faîte, on profite d'une dépression du terrain que présente ce plateau, entre le sommet du vallon des Authiaux et le sommet de la gorge de Beaumont. Ce tracé s'écarte, du côté de l'est, de Bosc-le-Hard, qu'il laisse à gauche, en passant près du Bois-Durand, de Touffreville, de Bosc-Béranger et de Bailly; le sommet du col de Touffreville est percé en contre-bas de son sommet par un tunnel de 600 mètres de

longueur, au bout duquel le chemin débouche en tranchée; il descend ensuite par la gorge de Beaumont, jusque vis-à-vis Rosay, où il traverse la
vallée d'Arques, sur un viaduc de 15 mètres de hauteur. Au-delà, il descend sur les coteaux en pente douce, qui bordent la rive droite, jusqu'à
Bellencombre, où il arrive dans la vallée, et suit constamment la rive
droite par de beaux alignemens et des courbes de grand rayon, jusqu'au-
dessous du village d'Arques ; là, il passe la rivière (qui en ce point traverse
la vallée), puis il suit la rive gauche par un grand alignement jusqu'à
Dieppe, où il arrive à l'entrée de la ville, près du bassin supérieur du port,
sur un terrain libre et où il sera facile d'établir les plus vastes magasins
pour l'entrepôt des marchandises et les ateliers nécessaires pour l'exploi-
tation du chemin.

Les détails des directions, des longueurs et des pentes de toutes les
parties du projet sont consignés dans les plans et nivellemens, et récapi-
tulés dans deux tableaux à colonnes, n° 2 et n° 3, annexés à ce Mémoire ;
nous nous bornerons à signaler ici les résultats généraux et sommaires de
cette récapitulation.

Pour la première ligne de Paris à Rouen, la pente maxima est de trois
millimètres ; elle règne pendant 52,625 mètres. Les pentes de 2 millimètres et au-dessous s'étendent sur 59,810 mètres.

Dans la seconde ligne de Rouen au Havre, en suivant le tracé par Yvetot, la pente maxima est de 4 millimètres et demi ; elle règne pendant
36,365 mètres. Il y a en outre 6,000 mètres avec des pentes de 4 millimètres.

Les pentes de 2 millimètres et au-dessous ont une étendue de 30,287
mètres.

Dans la troisième ligne de Rouen à Dieppe, les pentes les plus fortes
sont de 4 millimètres 9, et de 5 millimètres qui règnent ensemble pendant
26,670 mètres.

Les pentes de 2 millimètres et au-dessous ont ensemble une longueur de
6,475 mètres.

EMBRANCHÉMENS.

Les projets d'embranchemens qui se rattachent à la première ligne de
Paris à Rouen, décrits dans notre Mémoire de 1835, n'ayant subi aucun
changement, à l'exception de celui de Pontoise, dont la pente seulement a

été modifiée et réduite au maximun de 3 millimètres et demi par mètre, nous renvoyons, pour les explications et descriptions qui les concer-
nent, au susdit Mémoire, en nous bornant à faire connaître ici, pour l'embranchement de Pontoise, les résultats comparatifs du service des transports par notre embranchement et par le tracé de M. Défontaine.

EMBRANCHE-
MENT de Pon-
toise.

Il résulte de la comparaison des deux tracés et des applications de notre
formule à la mesure de l'influence de l'un et de l'autre, sur le service des
transports entre les deux mêmes villes de Paris et de Pontoise :

1° Que notre tracé a 3,415 mètres de développement de plus; mais que
son point culminant dans la forêt de St-Germain est de 12 mètres 27 moins
élevé que celui du tracé de M. Défontaine, au col de Pierre-Laie, malgré
la profondeur de sa tranchée;

2° Que nos pentes sont généralement plus douces, et que nous n'avons
que 9,500 mètres à la pente de 3 millimètres et demi, tandis que l'autre
tracé en a 15,000;

3° Enfin pour le service des transports, le temps employé au trajet sur
notre tracé, à conditions égales de locomotion, ne sera que de 5 minutes
de plus par notre embranchement que par la direction de Pierre-Laie; et il
faut remarquer que ce léger inconvénient est bien balancé, pour la ville de
Pontoise, par l'avantage que lui procurera la direction de notre embranchement pour ses communications avec Saint-Germain, avec Versailles,
son chef-lieu, ainsi qu'avec Poissy, Mantes, avec une grande partie de la
vallée et avec les vallées latérales.

EMBRANCHE-
MENS sur la ligne
de Rouen au Ha-
vre.

Les embranchemens sur la seconde ligne de Rouen au Havre, sont
seulement ceux d'Yvetot et de Bolbec : le premier devient nul par la nouvelle direction donnée à cette ligne, laquelle passe par Yvetot; et l'embranchement de Bolbec se réduit à un chemin de 1,900 mètres avec un
plan incliné dont le sommet se trouve à 24 mètres d'élévation au-dessus
de la ville.

Il sera facile d'établir un troisième embranchement sur cette ligne, pour
le service de Fécamp, s'il est reconnu qu'il y ait des avantages suffisans;
dans ce cas, son tracé passerait par le vallon de Gauzeville, passerait à
Mesmoulin, à la Pailleterie, à la Parée-d'Albos, et joindrait la ligne principale près de Bolleville.

EMBRANCHE-
MENT sur la 3e
ligne.

Un seul embranchement peut être établi sur la troisième ligne de Rouen à Dieppe, c'est celui de Neufchâtel. M. Défontaine a fait, pour cette communication, un projet qui présente l'inconvénient grave de n'arriver qu'à plus de 900 mètres de distance de la ville, et à 80 mètres d'élévation au-dessus de la vallée, quoique la majeure partie de ses pentes soit de 5 millimètres par mètre. Nous avons étudié un projet qui, passant le plateau étroit qui sépare la vallée de l'Arques de celle de la Béthume, près de Pommerval, à un point moins élevé de 17 mètres 40 que le tracé de M. Défontaine, nous permet d'arriver avec une pente de 5 millimètres 1/2 par mètre à la ville même, et à 10 mètres seulement d'élévation au-dessus de la place principale. Ce tracé traverse la vallée d'Arques sur un viaduc au-dessus de Saint-Saën, et il se rattache à la ligne principale de Rouen à Dieppe, à la sortie du tunnel de Touffreville, sur le plateau de Bosc-le-Hard ; sa longueur est de 32,000 mètres.

TROISIÈME PARTIE.

ESTIMATION DES DÉPENSES.

Les estimations détaillées des travaux et des dépenses à faire pour l'exécution des différentes lignes de chemin de fer qui font partie de notre projet général de chemin de fer de Paris à la mer, sont établies dans les détails estimatifs joints au présent Mémoire ; c'est pourquoi nous nous bornerons à présenter ici les résultats sommaires de ces estimations.

LIGNES PRINCIPALES.

Le devis estimatif de la première ligne de chemin de fer de Paris à Rouen, suivant le projet présenté en 1835, partant de Tivoli, passant par Asnières, Argenteuil, la forêt de Saint-Germain, le vallon d'Orgeval, et suivant ensuite la vallée de la Seine jusqu'à Rouen, s'élevait, en supposant deux voies entièrement exécutées et une troisième voie préparée et prête à recevoir les rails, à . . . . 31,000,000 f.

Les tracés primitifs de la première ligne ayant été modifiés entre Paris et Flins, il est résulté de ces modifications :

1° Dans la première section de Paris à Argenteuil, une réduction de longueur de 900 mètres, et la suppression d'un pont sur la route de Clichy, qui produisent ensemble une réduction dans les dépenses de . . . . 92,500 f.

2° Dans la seconde section, d'Argenteuil à Maisons, il y a une légère différence de longueur en moins, qui donne une réduction de dépense de . . . . 3,000 f.

Total des réductions . . . . 95,500 f.

Les changemens de tracé entre Maisons et Flins, par suite desquels le chemin passe près de Poissy, et suit le bord de la Seine jusqu'à Verneuil, ont produit dans cette partie une augmentation de longueur de 1,430 mètres

Report.... 31,000,000 f.

qui donne pour la section de Maisons à Poissy une augmentation de......................... 30,000 fr.

Et pour celle de Poissy à Flins suivant la
nouvelle estimation supplémentaire ci-jointe
une somme au plus de................... 512,000

Total des augmentations qui résultent des
modifications de tracé.................. 542,000
En déduisant le montant des réductions ci. 95,500

Il reste en augmentation.. 446,500 fr.   446,500

On a fait, en 1836, l'étude et l'estimation d'une seconde
origine de chemin de fer dans l'intérieur de Paris, que l'on
s'était contenté d'annoncer en 1835 ; cette origine est établie dans la rue de Lafayette, au sommet du quartier Pois-
sonnière ; la branche qui en partira rejoindra la ligne
principale, partant de Tivoli, près le chemin de la Révolte,
au-dessus de Clichy : la dépense de cette branche est, suivant le détail estimatif particulier joint à ce Mémoire, de. 1,550,000

Total général de l'estimation de la première ligne   32,996,500 f.

Et en nombre rond .... 33 millions.

La seconde ligne, qui est le chemin de Rouen au Havre,
par la vallée de Sainte-Austreberte et la rive gauche de
la Seine, passant à Duclair, Caudebec, Villequier, Tancar-
ville et Rogerville, a été estimée en 1835, en lui comp-
tant la moitié de la dépense de la partie qui lui est commune
avec le chemin de Dieppe, depuis le point de départ sur la
ligne de Rouen, entre Sotteville et Saint-Sever· jusqu'au-
dessus du Houlme, en supposant une seule voie entièrement exécutée, et un quart seulement de la seconde voie
établie en gares, à .... 14,500,000 f.

L'estimation du nouveau tracé proposé,
passant par Pavilly, Yvetot, Bolbec et Har-

A reporter. ... 14,500,000 f.   33,000,000 f.

Report. . . . 14,500,000 f. 33,000,000 f.

fleur, n'a pas encore été faite exactement, parce que la rigueur de la saison n'a pas permis de terminer les opérations et les calculs; mais on peut, sans erreur notable, évaluer l'augmentation de dépense de ce second tracé sur le premier à 3,000,000

Ce qui portera la dépense totale de la seconde ligne à . . . . 17,500,000 f. 17,500,000

Le trajet de la troisième ligne n'ayant éprouvé aucun changement, l'estimation des dépenses qu'exigera son exécution reste comme au devis estimatif de 1835 (en supposant, comme pour la seconde ligne, une seule voie entièrement exécutée et le quart seulement de la seconde voie en gares), de. . . . . 11,500,000 f.

Total pour les trois lignes principales 62,000,000

Lorsque l'on voudra compléter la seconde voie sur la seconde et sur la troisième ligne, la dépense à faire pour ces complémens de voie et pour les gares nouvelles qu'il faudra alors établir pour chacune d'elles, sera de 6,000,000

Et alors la dépense totale des trois lignes sera de : . . . . 68 millions.

EMBRANCHEMENS.

EMBRANCHEMENS DE LA PREMIÈRE LIGNE.

Les embranchemens de cette ligne se divisent en deux sections, savoir : ceux qui s'exécuteront en même temps que les lignes principales auxquelles ils se rattachent, ils composent la première section ; et ceux que l'on exécutera plus tard, qui forment la seconde section.

PREMIÈRE SECTION.

Embranchement de Pontoise, à une voie avec gares; la dépense est la même que dans l'estimation de 1835, les légè-res modifications de pentes faites à ce projet ne pouvant produire des changemens dans les dépenses supérieures à la somme à valoir portée pour cette sorte de prévision, ci . 2,600,000

Embranchement de Meulan, à une voie avec gares, comme au devis de 1835.................................. 900,000

Embranchement de Louviers, à deux voies............. 1,350,000

Embranchement de Louviers à Evreux, à une voie avec gares.. 3,100,000

Embranchement d'Elbeuf, idem 900,000

Total pour la première section. 8,850,000

DEUXIÈME SECTION.

Embranchement de Gisors par la Roche-Guyon, à une voie avec gares, comme au devis de 1835. 3,900,000

Embranchement des Andelys, idem 1,200,000

Total pour la seconde section. . 5,100,000   5,100,000

On a pour la totalité des embranchemens qui se rattachent à la première ligne principale 13,950,000

EMBRANCHEMENS DE LA SECONDE LIGNE.

La seconde ligne de Rouen au Havre, passant très-près d'Yvetot, l'embranchement sur cette ville n'aura qu'environ 800 mètres; il est estimé 100,000

L'embranchement sur Bolbec, qui, avec ses deux branches de raccordement sur le Havre et sur Rouen, présente une longueur de 2,500 mètres, est évalué avec son plan incliné à. 400,000

A reporter. . . . 500,000

Report. 500,000

L'embranchement de Fécamp, qui ne pourrait s'exécuter que dans un système fort économique, à raison du peu de population des contrées qu'il traverse, ne peut cependant, à raison de la longueur, qui est de 29,300 mètres, être estimé à moins de. 2,500,000

Total pour les embranchemens de la seconde ligne. . 3,000,000

EMBRANCHEMENT DE LA TROISIÈME LIGNE.

La troisième ligne ne comporte qu'un seul embranchement, c'est celui de Neufchâtel pour ses communications avec Rouen et avec Paris.

Le développement de son tracé, d'après le projet étudié, est de 32,000 mètres ; l'exécution de ce projet exigeant un viaduc sur l'Arques, au-dessus de Saint-Saën, un souterrain de 1,400 mètres à Pommerval et traversant des terrains de grande valeur sur le revers de Neufchâtel, ne peut être estimée à moins de. 5,000,000

MONTANT GÉNÉRAL des estimations de la totalité des embranchemens des trois lignes.

Pour la 1re ligne. . . . . , . . . 13,950,000
Pour la 2e. 3,000,000
Pour la 3e. 5,000,000

Et pour la totalité. . . . . 21,950,00.

Paris, 10 janvier 1837.

Polonceau.   *Bélanger.*

MOREAU ET BRUNEAU, IMPRIMEURS, RUE MONTMARTRE, N° 39.

CHEMIN DE FER

DE PARIS A ROUEN, AU HAVRE ET A DIEPPE,

PAR

LA VALLÉE DE LA SEINE.

QUATRIÈME PARTIE.

—

COMPARAISON DES DEUX PROJETS OPPOSÉS,

SOUS LES RAPPORTS DES TRACÉS, DES OUVRAGES D'ART ET DE LA LOCOMOTION.

Les deux projets de chemin de fer de Paris à la mer, qui suivent l'un la vallée de la Seine, et l'autre les plateaux de sa rive droite, passant maintenant tous deux par Rouen, se divisent tous deux également et naturellement en trois lignes principales, savoir :

La première ligne qui va de Paris à Rouen, laquelle forme le tronc du chemin projeté, et à laquelle les deux autres se rattachent :

La seconde ligne qui va de Rouen au Havre, et qui s'embranchant sur la première ligne, près de Rouen, forme le chemin spécial du Havre :

Et la troisième ligne qui se compose du chemin spécial de Dieppe, lequel, dans le projet de la vallée de la Seine, s'embranche sur la seconde ligne dans la vallée de Cailly, près de Malaunay : et dans le projet des plateaux, s'embranche sur la première ligne à Blainville, dans la vallée d'Andelle.

Nous comparerons d'abord séparément les trois lignes principales correspondantes dans les deux projets, sous les divers rapports des longueurs de chemin ; des pentes ; des ouvrages d'art, tels que ponts, souterrains et viaducs ; des dépenses qu'ils exigeront ; et enfin de la locomotion. Nous

EXPOSÉ des principes généraux de comparaison.

8

établirons ensuite la comparaison générale pour l'ensemble de chacun des deux projets.

EMBRANCHE-
MENS.

Nous ne comprendrons pas, dans ces comparaisons, les divers embran-chemens que l'on propose de rattacher aux lignes principales de chacun des deux chemins, parce qu'il serait très difficile et même impossible, quant à présent, d'établir des comparaisons exactes entre les embranche-mens proposés de part et d'autre, attendu que la plupart de ceux qui appartiennent à l'une des deux directions n'ont aucun rapport avec ceux de l'autre direction, et que pour plusieurs embranchemens que M. Défon-taine indique, tels que ceux de Meulan, de Beauvais, de Fécamp et de Montivillier, il n'a été présenté aucun projet. Ce ne sera qu'après que l'on aura arrêté définitivement les tracés des lignes principales que l'on pourra établir des calculs positifs pour les embranchemens qui devront s'y rat-tacher. Jusque là, leurs indications et les projets qui en sont présentés ne peuvent, pour la plupart, être pris en considération que comme des ren-seignemens sur les facilités que chaque projet présentera pour desservir par la suite quelques villes voisines, ou des vallées latérales.

Il y a cependant deux embranchemens qui méritent de faire exception; ce sont ceux de Louviers et d'Elbeuf, parce que ces deux grands foyers d'industrie ont tant d'importance, qu'ils doivent être considérés dans tous les cas, et quelle que soit la direction que l'on veuille suivre, comme an-nexe indispensable du chemin de Paris à Rouen. Cette nécessité est d'ail-leurs admise également par l'auteur du projet des plateaux et par la com-pagnie Riant; car, d'une part, cette compagnie offre de s'engager à exé-cuter les embranchemens de Louviers et d'Elbeuf en même temps que la ligne principale de Rouen, et elle comprend leur exécution dans l'affecta-tion de son cautionnement; et de l'autre, la dernière commission d'en-quête du département de la Seine-Inférieure a voté, dans la confiance que les embranchemens de Louviers et d'Elbeuf feraient *partie intégrante de la ligne principale*, et cette confiance s'est établie sur les déclarations faites à ce sujet, par M. Défontaine, dans son sein. C'est pourquoi, dans nos calculs de comparaison, nous avons toujours joint les embranchemens de Louviers et d'Elbeuf à la première ligne de Rouen, dont ils sont effec-tivement et nécessairement *partie intégrante*.

Nous ne ferons pas entrer ici en compte l'embranchement d'Evreux, quoiqu'il soit pour notre projet une conséquence déterminée de l'embranchement de Louviers, parce que son admission ne pouvant avoir lieu en suivant le projet de M. Défontaine, il n'y aurait plus parité dans les termes de comparaison.

Avant d'établir comparativement les données et les élémens divers de chacun des deux projets opposés, nous allons présenter quelques observations sur la marche et sur le mode que nous avons cru devoir adopter, pour donner le plus d'exactitude possible aux résultats.

Il est un principe incontestable, c'est que pour que la comparaison entre deux projets de ce genre soit exacte, il faut supposer leurs ouvrages soumis autant que possible aux mêmes règles, de manière que dans des circonstances semblables, ils offrent le même mode d'exécution, avec les avantages ou les inconvéniens qui y sont attachés : ainsi, par exemple, quand il s'agit de comparer les longueurs des souterrains, il faut nécessairement déterminer une limite égale dans les deux projets, pour la profondeur des tranchées qui précèdent les percemens, parce qu'il est évident que plus on pousse loin ces tranchées, plus on réduit la longueur des souterrains; ainsi tel souterrain qui en limitant la profondeur de ses tranchées à 15 mètres, aurait 2,000 mètres de longueur, peut être réduit à 1,000 mètres et même moins, en poussant les tranchées de part et d'autre jusqu'à leur donner 20 ou 25 mètres de profondeur.

Dans notre projet, nous avons fixé généralement 16 mètres pour le maximum de la profondeur des tranchées, à l'entrée de nos souterrains, parce que nous avons reconnu qu'au delà de cette limite, les inconvéniens de l'humidité et du défaut de clarté, deviennent déjà bien grands; qu'il s'y ajoute le danger des éboulemens et des chutes de terres et de pierres, danger dont l'augmentation de hauteur accroît de beaucoup la gravité; et qu'en outre la dépense d'une tranchée de plus grande profondeur est supérieure à celle du percement en souterrain.

C'est d'après ce principe que la longueur de tous nos tunnels a été établie; il n'y a qu'une seule exception qui a lieu à l'entrée du souterrain du col de Notre-Dame-des-Champs, sur la ligne du Havre, où notre limite ordinaire n'est dépassée que de 3 mètres : le motif qui nous y a déterminés consiste en ce que la pente du terrain en cet endroit étant très-rapide, l'excédant de profondeur dure peu, et ne nuira pas sensiblement à la clarté.

OBSERVATIONS sur les tranchées et sur les souterrains.

M. Défontaine, au contraire, a porté la profondeur des tranchées aux entrées, ou dans les intervalles de ses percemens, à 20, à 25, à 3o, à 35 et même jusqu'à 38 mètres de profondeur, et il a diminué par là considérablement leur longueur.

Si nous admettions la profondeur de 3o mètres pour nos tranchées, non-seulement la longueur de nos souterrains se trouverait réduite d'environ moitié, mais même il en est, comme celui du col de Tourville, dont la longueur est de 7oo mètres, qui disparaîtraient entièrement; et si on portait cette profondeur à 33 mètres, comme l'a fait M. Défontaine, on supprimerait aussi entièrement le souterrain du Grand-Villers, au-dessus du Roule, qui en limitant les tranchées à 16 mètres, a 1,26o mètres de longueur.

Il résulte évidemment de ces observations que la comparaison des longueurs des souterrains, énoncée dans le mémoire de M. Défontaine, avec les longueurs des percemens que présente notre projet, manquerait totalement d'exactitude, et que pour la faire avec vérité, il faute admettre une seule et même limite pour la hauteur maxima des tranchées dans les deux projets.

C'est au conseil des ponts-et-chaussées qu'il appartient de fixer cette limite : en attendant, et persuadés, par les motifs sus énoncés, que celle que nous avons adoptée est raisonnable, dans la comparaison que nous allons établir, nous maintiendrons cette limite pour les souterrains de notre projet, et nous ferons l'application du même principe aux souterrains de M. Défontaine.

HAUTEURS des viaducs. Il y a une seconde observation à faire avant de poser les chiffres de comparaison, relativement aux hauteurs des viaducs; c'est que soit que ces ouvrages soient exécutés en arcades de maçonnerie, ou bien, ce qui est beaucoup plus probable, par motif d'économie, en levées en terre percées de voûtes de hauteurs modérées pour les passages des rivières, des ruisseaux et des chemins qui se trouvent dans le fond des vallées, il est certain, pour l'un comme pour l'autre système, que les dépenses nécessaires pour leur exécution doivent croître dans un rapport bien plus rapide que le rapport de leurs hauteurs. Ainsi, par exemple, dans la seconde hypothèse, la section d'un remblai en levée de 15 mètres de hauteur,

étant de 442 mètres carrés, et la longueur des voûtes construites à travers sa base pour le passage des rivières et des chemins étant de 52 mètres, pour une hauteur double, c'est-à-dire de 30 mètres, la section qui
est de 1,560 m. q. est presque quadruple, et la longueur des voûtes transversales est de 97 mètres.

Cette comparaison suffit pour faire connaître combien il importe de réduire la hauteur des viaducs; nous ferons observer en outre que pour
former des remblais aussi considérables que ceux des viaducs qui traver-
sent des vallées de 800 à 1,000 mètres de largeur, à des hauteurs de 30
mètres, comme le viaduc de la vallée de l'Andelle, à Charleval (dans le
projet de M. Défontaine), dont le volume serait de 1,300,000 mètres
cubes, il faut amener les déblais de très-loin, ce qui est fort coûteux et
exige beaucoup de temps; que les tassemens de ces masses énormes de
remblais durent extrêmement long-temps; que de plus, à raison de l'iso-
lement de ces grandes levées, il arrive souvent, surtout quand elles ren-
ferment des glaises, ce qu'il est difficile d'éviter, et lorsque les coteaux
contre lesquels s'appuient leurs extrémités ont des pentes rapides, il arrive, disons-nous, qu'il se fait dans les temps de pluies et de dégels des
affaissemens et des éboulemens considérables qui augmentent encore la
durée du travail et les dépenses; enfin, plus le chemin se trouve élevé
au-dessus des vallées, plus on a à craindre de gravité dans les accidens
auxquels les transports rapides sont plus exposés que les autres. D'où il
suit que les grands viaducs sont, sous les rapports de la durée du travail,
des frais d'exécution et de réparation, et du danger, les ouvrages que l'on
doit éviter avec le plus de soin dans l'établissement des chemins de fer,
et que conséquemment, à mérite égal d'ailleurs, on doit toujours préfé-
rer les projets dans lesquels les viaducs sont, et les moins élevés, et les
moins nombreux.

Les viaducs de dimension modérée ne présentant pas de difficultés
d'exécution, nous ne nous occuperons, dans les comparaisons que nous
allons faire des ouvrages d'art des deux projets, que des viaducs dont la
hauteur excède 14 mètres dans l'un comme dans l'autre tracé. Nous établirons cette comparaison sur les hauteurs relatives de ces ouvrages, et
sur leurs longueurs.

ALIGNEMENS
et courbes.

Nous présenterons aussi quelques remarques relativement aux alignemens et aux courbes des deux projets ; le tracé des plateaux offre naturellement plus de facilité pour les grands alignemens que celui qui suit
la vallée de la Seine, qui est généralement sinueuse; mais cet avantage est compensé par les sinuosités beaucoup plus répétées et plus
étroites des petits vallons que l'on est obligé de suivre pour monter sur
ces plateaux ou pour en descendre. D'ailleurs, il s'en faut de beaucoup
que, même en supposant les pentes égales, la facilité du parcours s'ac-
croisse à mesure que l'étendue totale des parties droites d'un chemin
augmente comparativement à celle des courbes. Il est en effet évident,
premièrement, que deux portions courbes d'un même rayon sont moins
nuisibles lorsqu'elles sont séparées par une ligne droite, que si elles étaient
réunies en une seule courbe continue ayant le même développement total;
secondement, qu'il vaut mieux raccorder l'angle que forment deux alignemens par une courbe de deux mille mètres de rayons, que par une courbe
de mille mètres, qui, pour ce même angle, ne présentera que la moitié
du développement de la première; et c'est alors le tracé qui a la plus
grande longueur de courbe qui est réellement le meilleur.

Il faut encore, dans cette sorte de comparaison, avoir égard aux distances qui séparent les courbes en sens contraire, parce que lorsqu'un
convoi passe trop brusquement d'une courbe convexe à une courbe concave, et réciproquement, il en résulte des frottemens et des secousses
nuisibles à la fois aux rails et aux roues des chariots, et surtout aux machines locomotives.

Il suit de là que pour établir une comparaison exacte relativement à
l'influence des portions de tracés qui sont en courbes dans les deux projets, il faudrait tenir compte des rapports qui existent : 1° entre les rayons
des courbes des deux projets; 2° entre les développemens continus de ces
courbes; 3° enfin entre les longueurs d'alignemens qui séparent les courbes en sens contraires.

Si l'on compare les deux projets sous le rapport simple des longueurs
totales des alignemens et des courbes dans chacune des trois lignes principales, on trouve les résultats suivans :

	PROJET de LA COMP^e. RIANT.		PROJET de M. DÉFONTAINE.	
	Lignes droites.	Courbes.	Lignes droites.	Courbes.
1re LIGNE DE PARIS A ROUEN.				
Longueur totale des alignements	74,480		93,581	
Longueur totale des courbes..		62,265		43,611
2e LIGNE. CHEMIN DU HAVRE *en suivant à très peu près le même tracé pour les deux projets.*				
Longueur des alignements	67,020		66,131	
Longueur des courbes..		23,900		20,054
3e LIGNE. CHEMIN DE DIEPPE.				
Longueur des lignes droites.	38,115		28,202	
Longueur des courbes..		17,840		25,605
Longueurs totales.	179,615	104,005	187,914	89,270

Il résulte de ce tableau, que les tracés de M. Défontaine présentent 14,735 mètres de longueur de moins en courbes que le nôtre, ce qui lui donne une apparence d'avantage sous ce rapport; mais il faut remarquer que l'influence des courbes sur la locomotion dépend surtout des rayons des courbes et de leurs longueurs, et que, comme nous l'avons dit plus haut, plus on emploie de grands rayons, plus les courbes de raccorde-

ment des mêmes angles sont grandes ; en sorte qu'un excédant de longueur
de courbe dans un tracé, peut, loin d'être une cause d'infériorité, provenir
de ce qu'il renferme plus de courbes à grands rayons que celui avec lequel
on le compare, et par conséquent, de ce qu'il a un plus grand degré de
perfection.

Pour pouvoir établir à cet égard une comparaison suffisamment exacte
entre les deux projets que nous examinons, il faut les ramener à une mesure commune ; et pour cela, nous avons calculé les longueurs qu'auraient
les courbes de chacun de ces projets, si on les ramenait toutes au même
et unique rayon de mille mètres. Dans cette hypothèse, les longueurs totales des parties en courbes seraient comme il suit :

	PROJET de la Compᵉ. Riant.	PROJET de M. Défontaine.
Première ligne. — De Paris à Rouen	32,280	36,995
Deuxième ligne. — Chemin du Havre	22,892	18,079
Troisième ligne. — Chemin de Dieppe	11,124	18,299
Longueurs totales	66,296	73,373

D'où il suit que si l'on soumettait toutes les courbes aux mêmes rayons
dans les deux projets, ce serait le projet de M. Défontaine qui aurait un
excédant en courbes de. . . . . 7,077 m.

Cette différence se conçoit facilement quand on se rend compte du nombre des courbes de chaque rayon dans chacun des deux projets ; en effet
on trouve :

	Courbes de 600 mèt.	Courbes de 700m.	Courbes de 800m.	Courbes de 900m.	Courbes de 1,000m.	Courbes de 1,000 à 6,000m.
Pour le projet de la Comp. *Riant.*						
Première ligne.—De Paris à Rouen .	»	1	1	2	10	46
Deuxième ligne.—Chemin du Havre. .	1	2	6	»	15	18
Troisième ligne.—Chemin de Dieppe .	»	»	8	2	2	11
	1	3	15	4	27	75
Pour le projet de M. Défontaine.						
Première ligne.—De Paris à Rouen .	»	»	1	»	41	14
Deuxième ligne.—Chemin du Havre. .	»	»	2	»	20	12
Troisième ligne.—Chemin de Dieppe .	»	»	»	»	17	20
	»	»	3	».	78	46

D'où il résulte que nous avons 20 courbes de plus que M. Défontaine, avec des rayons de moins de mille mètres, mais que nous en avons 29 de plus qui ont de 1,000 à 6,000 mètres de rayon.

Nous avons une courbe de 600 mètres de rayon, et M. Défontaine n'en a aucune de moins de 800 mètres, mais nous ferons observer que cette courbe de 600 mètres est à l'origine du chemin du Havre près de Rouen, qui est un point de station obligé, et où par conséquent il ne doit jamais y avoir de grande vitesse au départ ni à l'arrivée.

Pour terminer la comparaison des parties des tracés en courbes dans les deux projets, il reste à examiner les distances qui séparent les origines des courbes qui se succèdent en sens inverse, c'est-à-dire quand une courbe étant convexe, celle qui la suit est concave, et réciproquement. Cette succession n'ayant d'inconvénient que quand la portion de ligne droite qui sépare les deux origines des courbes est trop peu considérable, nous ne ferons entrer en compte ici que les passages dans lesquels cet espace est de moins de 200 mètres. Alors on trouve :

	Intervalle nul, les courbes étant contiguës.	Intervalle des courbes de o à 5o^m.	Intervalle des courbes de 3o à 100^m.	Intervalle des courbes de 15o à 15o^m.	Intervalle des courbes de 15o à 200^m.	TOTAL.
Dans le projet de M. Défontaine.						
Première ligne	1	2	1	2	»	
Deuxième ligne	»	»	»	»	1	
Troisième ligne	»	1	3	1	1	
	1	3	4	3	1	13
Dans le projet de la Compagnie Riant.						
Première ligne	»	»	»	»	2	
Deuxième ligne	»	»	»	»	»	
Troisième ligne	»	»	»	»	»	
	»	»	»	»	2	2

D'où il suit que dans le projet de M. Défontaine, il y onze passages de plus que dans le nôtre où les intervalles des courbes en sens inverse sont moindres de 200 mètres, et que dans ce nombre il y a huit de ces intervalles qui ont moins de cent mètres.

Ainsi en résumé et en réunissant les résultats des comparaisons établies ci-dessus, sous trois rapports différens, on reconaît que relativement aux courbes, le tracé de notre projet est plus favorable à la locomotion que le tracé du projet de M. Défontaine.

Notre dernière observation concerne les estimations des dépenses; il il est à notre avis impossible, comme nous l'avons déjà fait observer précédemment, d'établir une comparaison vraie et juste entre des estimations de dépenses faites par divers ingénieurs, sur des bases différentes, mais il est facile de se rendre compte sommairement du rapport général qui doit exister entre les dépenses qu'exigent deux projets de chemins de même nature, joignant les mêmes points extrêmes. En effet, les ouvrages ordinaires, tels que les déblais et remblais modérés, c'est-à-dire dont l'élévation ne dépasse pas 10 mètres; les petits ponts et aqueducs pour les traversées des chemins, des ruisseaux et des petites rivières; les voies en fer, et leurs gares; les barrières, les bureaux, etc., sont à très-peu près les mêmes dans les deux tracés, *pour une même longueur de chemin.* Ainsi, les différences réelles doivent résulter principalement des dépenses à faire pour les ouvrages d'art, et des différences de valeur des terrains à traverser. Sous ce dernier rapport, il faut remarquer que si d'une part les terrains de la vallée de la Seine ont généralement plus de valeur que ceux des plateaux de la rive droite, il y a cependant des exceptions, car notre tracé suit constamment pendant 30,000 mètres, savoir : au pied des coteaux de Mézières et de ceux de Rolleboise; entre Bonnières et Vernon; et depuis Venables jusqu'à la plaine du Vaudreuil, des terrains en friches, presque sans valeur, ce qui balance déjà l'excédant de prix des autres parties : mais il y a une autre cause de compensation plus considérable, elle consiste dans le voisinage de la Seine, qui par les facilités et l'économie qu'elle procurera pour le transport des matériaux de construction de toute nature, produira comparativement à l'autre tracé, qui ne peut jouir de cet avantage, une réduction de dépenses qui doit certainement compenser et au-delà l'excédant de valeur des terrains. Ainsi, en définitive, pour comparer les dépenses relatives de deux projets en concurrence, il faut faire porter l'examen principalement sur les longueurs totales de chemin à exécuter, et sur les dépenses des grands ouvrages d'art, c'est-à-dire des grands ponts, des souterrains et des grands viaducs.

Nous allons maintenant établir les comparaisons des parties correspondantes des deux projets, successivement sous les divers rapports des longueurs, des pentes, des dimensions des grands ouvrages d'art et de leurs dépenses, et sous celui de la locomotion.

ESTIMATION
des dépenses.

1ʳᵉ LIGNE : DE PARIS A ROUEN.

PROJET DE LA COMP⁻ RIANT.   PROJET DE M. DÉFONTAINE.

LONGUEURS.

La longueur totale du parcours en chemin de fer entre le point principal d'origine de ce projet à Paris, situé à la rue Saint-Lazare, quartier de Tivoli, et l'arrivée à Rouen sur la rive gauche de la Seine, est, pour les voyageurs rendus à l'entrée du pont de pierre (à 800ᵐ de distance de la Bourse), de. 136,745ᵐ

Et pour les marchandises rendues sur le quai Saint-Sever, à 550ᵐ à l'aval du pont suspendu, de. 137,355ᵐ

Le parcours total en chemin de fer, entre la rue Lafayette, point principal de départ à Paris, et l'arrivée pour les voyageurs à la route de Neufchâtel, à 300ᵐ de distance du boulevart Beauvoisine, à 55ᵐ50 de hauteur au-dessus du quai dit du Havre, et à 1,500ᵐ d'éloignement de la Bourse, est de 137,192ᵐ

Et pour les marchandises rendues au bord de la Seine, au sud de l'avenue du mont Riboudet, de 139,692ᵐ, y compris un plan incliné de 575ᵐ de longueur et de 57ᵐ50 d'élévation, en pente de 10 centimètres par mètre.

La différence de longueur à parcourir est en faveur de notre projet, savoir :

Pour les voyageurs { en chemin de fer de. . . . . 447 mètres.
{ et sur chaussée pavée de. 900

Et pour les marchandises de 2,847

En faisant la somme des longueurs des deux chemins et en comprenant pour l'un et pour l'autre les doubles branches destinées aux services des voyageurs et des marchandises à Rouen, la différence totale de longueur de chemin de fer à deux voies, à exécuter, est de 2,757 mètres de moins par notre tracé ; il faut remarquer en outre que nous n'avons pas de plan incliné.

PENTES.

Notre pente maxima entre Paris et Rouen est de 3 millimètres par mètre ; elle règne pendant 52,625ᵐ.

Les pentes douces, c'est-à-dire de 2 millimètres et au-dessous, règnent pendant 59,810ᵐ.

La pente maxima de M. Défontaine, entre Paris et Rouen, est de 3 millimètres et demi ; elle règne pendant 91,600ᵐ ; il a, en outre, 9,400ᵐ de pente de plus de 3 millim.

Les pentes de 2 millimètres et au-dessous ne règnent que pendant 24,496ᵐ.

Ainsi la pente maxima du projet par la vallée de la Seine est moindre d'un sixième que celle du projet des plateaux, et ce second projet a 101,000 mètres de chemin avec des pentes plus fortes que la pente maxima de l'autre tracé.

Ce désavantage provient évidemment de ce que le tracé par Gisors oblige à monter beaucoup plus haut et à faire des contre-pentes plus fortes et plus longues, qu'en suivant la vallée de la Seine ; il est donc une conséquence forcée du choix de ce tracé.

SOUTERRAINS.

La longueur des souterrains, entre Paris et Rouen, est, pour le projet de la vallée de la Seine (en limitant la profondeur des tranchées à 16ᵐ), de. 4,690ᵐ

La longueur des souterrains, entre les mêmes points, est, pour le projet de M. Défontaine (en limitant la profondeur des tranchées à 16ᵐ), de 7,770ᵐ

La différence de longueur est de 3,080 mètres en faveur du tracé par la vallée de la Seine.

PONTS.

Le projet de la vallée de la Seine exige cinq ponts sur ce fleuve.

Le projet de M. Défontaine n'exige que 3 ponts de moindre ouverture : un sur l'Oise, un sur l'Epte et un sur l'Andelle ; ces deux derniers doivent avoir de 30 à 40 mètres d'ouverture chacun pour les passages des rivières et des chemins de chaque rive, et celui de l'Andelle, qui doit traverser un remblai de 30 mètres de hauteur et de 97 mètres de long, sera nécessairement dispendieux.

En somme, ces trois ponts coûteront au moins autant qu'un grand pont sur la Seine ; en conséquence, la différence pour cet article peut être considérée comme égale à la valeur de quatre ponts sur la Seine, en faveur du projet de M. Défontaine.

VIADUCS DONT LA HAUTEUR EXCÈDE 14 MÈTRES.

Dans le projet de la compagnie Riant, il n'y a, entre Paris et Rouen, qu'un seul viaduc de 16ᵐ12 d'élévation.

Dans le projet de M. Défontaine, il y a 17 viaducs, savoir :

10 de 14 à 20 mètres d'élévation ;
3 de 20 à 25   idem ;
Et 4 de 25 à 36ᵐ70   idem.

Hauteur du viaduc unique 16ᵐ12

La moyenne des hauteurs de ces 17 viaducs est de 20ᵐ85

Sa longueur, au milieu de la hauteur, est de 225ᵐ

La somme des longueurs moyennes des 17 viaducs est de. 4,700ᵐ

Ainsi il y a dans le projet de M. Défontaine 16 viaducs de plus que dans le projet de la compagnie Riant; tous sont plus élevés que le viaduc unique de l'autre tracé; et les excédans de hauteur sont de 8 à 10 mètres pour 4 de ces viaducs et de 20 mètres pour le plus élevé; enfin, la somme des longueurs moyennes des 17 viaducs de M. Défontaine dépasse de 4,475 mètres la longueur moyenne du viaduc de l'autre tracé.

FRAIS D'EXÉCUTION DES GRANDS OUVRAGES D'ART.

Il résulte des articles précédens que, pour la ligne de Rouen, le chemin des plateaux a en plus :

1° Un excédant de longueur de chemin à deux voies de 2,757 mètres qui, à raison de 180 fr. le mètre courant, valent.............   496,260 fr.

2° Une longueur de souterrain en plus de 3,080 mètres ; nous compterons la dépense à 500 fr. le mètre courant, quoique M. Défontaine la porte à 800 fr., parce que nous pensons que l'on pourra se dispenser de voûter une grande partie de ces souterrains pour lesquels il a supposé une voûte continue, et parce que notre estimation pour cet article, différant beaucoup de la sienne, il nous a paru juste d'adopter un prix moyen. Les 3,080 mètres à 500 fr. le mètre courant, valent...........................   1,540,000

3° Seize viaducs d'une hauteur moyenne de 21 mètres 15 dont les longueurs moyennes réunies donnent une longueur totale de 4,475 mètres et qui coûteraient avec leurs voûtes transversales au moins.....................   5,000,000

4° Enfin pour le plan incliné destiné au service des marchandises, pour ses mécanismes, ses ponts sur les rues traversées, et ses plate-formes tournantes pour les raccordemens à angle droit, il faut compter encore au moins.....   200,000

Les quatre articles s'élèvent ensemble à..........,...   7,236,260

Notre projet présente en plus quatre ponts sur la Seine que nous avons estimés.....................   3,650,000

En déduisant cette estimation du montant des ouvrages en plus pour l'autre tracé, on a pour excédant des dépenses du projet de M. Défontaine, pour la première ligne........   3,586,260

LOCOMOTION.

Pour les trajets entre Paris et Rouen, par les deux directions, nous rappellerons ici les termes de comparaison déjà présentés dans la première partie de ce Mémoire (pages 5 et 7), lesquels s'appuient sur les calculs consignés dans les tableaux qui y sont annexés. Il en résulte :

Premièrement, qu'en supposant le parcours sur les deux chemins de convois entièrement semblables, avec des chargemens égaux, les voyageurs mettront 22 minutes de plus pour arriver au centre de Rouen par le tracé de **M.** Défontaine, que par le nôtre ;

Secondement, que pour qu'ils puissent arriver aussi vite par le tracé de Gisors que par celui de la vallée de la Seine, il faudrait que le poids du convoi fût de 30 pour cent moins considérable, c'est-à-dire que l'on ne conduisît sur le premier tracé qu'environ les deux tiers du nombre de voyageurs que l'on conduirait sur le second ;

Et troisièmement, qu'indépendamment du même désavantage pour les marchandises, elles auraient encore pour parvenir au port, sur le bord de la Seine, un trajet de 2,847 mètres de longueur de plus en chemin de fer, par le tracé de **M.** Défontaine, et en outre les lenteurs et les frais du service d'un plan incliné de 57 mètres 50 d'élévation, et l'inconvénient de la rencontre des voitures qui suivent sans interruption l'avenue du Mont-Riboudet, que ce chemin traverse.

EMBRANCHEMENS DE LOUVIERS ET D'ELBEUF ,

CONSIDÉRÉS ENSEMBLE ET COMME FAISANT TOUS DEUX PARTIE INTÉGRANTE DE LA LIGNE DE PARIS A ROUEN

PROJET DE LA COMP⁰ᵉ RIANT.   PROJET DE M. DÉFONTAINE.

LONGUEURS.

PROJET DE LA COMP⁰ᵉ RIANT.	PROJET DE M. DÉFONTAINE.
La longueur totale des deux embranchemens de Louviers et d'Elbeuf sur la ligne principale, pour leurs communications avec Paris et avec Rouen, est de. . . 18,990 ᵐ	La longueur totale de la ligne commune aux deux embranchemens dans la vallée d'Andelle et des deux branches nécessaires pour leurs communications avec Paris, est de. . . . . 43,103 ᵐ
	Et l'embranchement spécial pour leurs communications avec Rouen et le Havre, de. 13,897
	Ensemble. . . . . 57,000 ᵐ

La différence dans la longueur de chemin de fer qu'exigent ensemble les communications de Louviers et d'Elbeuf, est de 38,010 mètres en faveur de notre tracé, et il faut remarquer de plus que la communication de ces deux villes avec le Havre est forcément interrompue au passage de Rouen, en suivant les tracés de M. Défontaine, au lieu que par le nôtre, elles jouissent de tous les avantages de la communication sans discontinuité établie par notre ligne principale.

La longueur totale des trajets de Paris à Louviers et à Elbeuf est, savoir :

En suivant notre tracé :	En suivant le tracé de M. Défontaine :
Pour Louviers. 114,865ᵐ	Pour Louviers. 127,816ᵐ
Pour Elbeuf. 129,495	Pour Elbeuf. 128,330

Ainsi, en suivant le projet de M. Défontaine, Elbeuf a un léger avantage de 1,165 mètres, mais Louviers et toutes les communications accessoires d'Evreux et de toute la Basse-Normandie qui doivent passer par Louviers, auront une augmentation de trajet de 12,951 mètres ou 3 lieues 1/4

PENTES.

La pente maxima des deux embranchemens de Louviers et d'Elbeuf est dans notre projet de 4 millim. 1/2, et elle règne pendant 2,570 mètres.

Il y a en outre 1,850 mètres en pente de 4 millimètres.

La pente maxima du tracé de M. Défontaine est de 3 millim. 1/2, et elle règne pendant 14,986 mètres.

SOUTERRAINS.

Il n'y a pas de souterrains dans les embranchemens du projet de la vallée de la Seine.

Il y a dans le projet de M. Défontaine un souterrain de 500 ᵐ de longueur au col de Tourville.

PONT

Le projet de la compagnie Riant n'exige qu'un seul pont de peu d'importance sur Eure.

Le projet de M. Défontaine exige pour ces embranchemens trois ponts sur la Seine, l'un au-dessus du pont de l'Arche, un vis-à-vis Elbeuf, et un à Oissel.

Il est question d'établir un pont par concession particulière vis-à-vis Elbeuf; ce qui dispenserait d'en exécuter un exprès pour le chemin de fer; mais alors pour que la communication de la ville avec le chemin ne

dépende pas d'un tiers, et pour éviter aux
habitans un double péage, il y aura conve-
nance et en quelque sorte nécessité pour le
concessionnaire du chemin de fer de traiter
de l'acquisition ou de la location annuelle
du pont; ce qui, dans l'un comme dans l'autre cas, équivaut à la charge de l'exécution
d'un pont suspendu ordinaire.

VIADUCS.

Il n'y a dans notre projet aucun viaduc pour l'un ni pour l'autre
de ces embranchemens; n'ayant aucune connaissance des nivellemens du
projet de M. Défontaine pour ces deux communications, nous ne savons
pas s'il s'y trouve des viaducs, mais nous savons que son tracé rencontre
et traverse beaucoup plus de chemins et de routes, et que, par conséquent, il aura nécessairement beaucoup plus de ponts ordinaires dont la
moindre hauteur est de 7 mètres.

DÉPENSES DES GRANDS OUVRAGES D'ART.

Il n'y a de grands ouvrages d'art que dans le projet de M. Défontaine;
savoir :

Un souterrain de 500 mètres évalué à.......... 300,000 **fr.**

Deux grands ponts de chemins de fer sur la Seine,
estimés ensemble à........................... 2,400,000 (1)

Un pont suspendu ordinaire sur la Seine, parta-
gée en deux bras, vis-à-vis Elbœuf.............. 600,000

Et outre 38,000 mètres de longueur de chemin
de fer à une voie, avec ses gares et ouvrages accessoires, estimés................................. 4,940,000

Total............... 8,240,000 **fr.**

D'où il suit qu'en suivant le projet de M. Défontaine, pour faire jouir

---

(1) Ces deux ponts, dont l'un est situé au-dessus de Pont de-l'Arche, et l'autre à Oissel,
sont tout-à-fait semblables à nos deux ponts situés, l'un au-dessous de Pont-de-l'Arche à
Criquebœuf, et l'autre au même lieu d'Oissel. Ces deux ponts sont portés dans notre devis
estimatif ensemble à 2,500,000 fr.

Louviers et Elbeuf des voies de communication rapides avec Paris et
Rouen, et d'une communication avec le Havre, qui serait moins parfaite,
puisqu'elle serait interrompue forcément avec Rouen, il faudrait dépen-
ser 8,240,000 fr. de plus que par notre projet, et comme on ne peut
espérer que ces deux villes puissent produire les intérêts de dépenses
aussi considérables, il en résultera une charge extraordinaire pour la
ligne principale, tandis que notre projet, leur procurant les mêmes avantages d'une manière plus complète et à beaucoup moins de frais, pourra
établir un tarif bien plus modéré.

LOCOMOTION.

Il résulte des calculs établis dans les tableaux annexés à la première
partie de ce Mémoire, que le trajet de Paris à Louviers avec des convois
de même charge exigera 33 minutes de plus par le tracé de M. Défontaine que par le nôtre, et que pour faire le trajet dans le même temps,
il faudrait que le poids du convoi fût moindre de 44 pour 100 sur la direction des plateaux.

Pour Elbeuf, la différence de temps de trajet à charge égale serait
de 10 minutes en faveur de notre tracé, et la différence de chargement, en supposant égalité dans la durée des trajets, de 18 pour 100
aussi en notre faveur.

RÉSULTATS COMPARATIFS

POUR L'ENSEMBLE DU CHEMIN DE PARIS A ROUEN ET DE SES DEUX EMBRANCHEMENS INDISPENSABLES SUR LOUVIERS ET SUR ELBEUF.

Les deux embranchemens de Louviers et d'Elbeuf devant, comme nous
l'avons dit au commencement de ce chapitre, être considérés comme
partie intégrante de la ligne de Paris à Rouen, pour que la comparaison
entre les deux projets soit complète, il faut l'établir sur la réunion des
données qui appartiennent à ces trois lignes. Leurs longueurs sont,
savoir :

POUR LE TRACÉ DE LA COMPAGNIE RIANT,	ET POUR LE TRACÉ DE M. DÉFONTAINE.
Longueur de Paris à Rouen. . 136,745 m	Longueur de Paris à Rouen. . . 137,192 m
Longueur de l'embranchement	Longueur de la partie commune
de Louviers 9,210	et des deux branches partielles de
Longueur de l'embranchement	Louviers et d'Elbeuf. 13,103
d'Elbeuf. 9,780	Communication de ces villes
	avec Rouen 13,897
Longueur totale. . . . 155,735 m	Longueur totale. . . . 194,192 m

D'où il suit qu'il y aurait pour l'ensemble une longueur de 38,457 mètres de chemin de fer à exécuter en plus par le tracé de M. Défontaine que par le nôtre.

La longueur totale des souterrains de ses tracés excéderait la longueur des souterrains des nôtres de 3,580 mètres.

Il aurait à exécuter en plus 16 viaducs de 21 mètres 15 c. de hauteur moyenne, et dont les longueurs ensemble auraient 4,475 mètres.

2ᵉ LIGNE : CHEMIN SPÉCIAL DU HAVRE PAR YVETOT.

PROJET DE LA COMP.ᵉ RIANT.   PROJET DE M. DÉFONTAINE.

LONGUEURS DU CHEMIN SPÉCIAL.

La longueur du chemin spécial du Havre, depuis son embranchement sur la ligne de Paris à Rouen, à Sotteville-lès-Rouen jusqu'au Havre, près de la porte Royale, est de . . . . 90,920 m	La longueur du chemin du Havre, depuis un point situé à 1,400 m en deçà de la route de Neufchâtel, où ce chemin se rattache à ligne de Rouen, est de. . . . . 86,185 m

La différence des deux longueurs est de 4,735 mètres en faveur du tracé de M. Défontaine.

Quant à la longueur de chemin à exécuter pour cette ligne spéciale, il faudra déduire de la longueur totale de 86,185 mètres, longueur du tracé de M. Défontaine entre ses deux extrémités à Rouen et au Havre, la partie comprise entre le point de départ à Rouen à la station de Neuf châtel, et l'origine du plan incliné des marchandises, parce qu'elle est comprise dans la longueur totale de la ligne de Rouen comme faisant partie de la branche destinée au service des marchandises ; d'où il suit que la longueur totale de chemin à exécuter pour la ligne du Havre en suivant le tracé de M. Défontaine, ne sera que de 84,385 mètres, et que, par conséquent, il y aura 6,535 mètres de longueur de moins à exécuter par ce tracé que par le nôtre.

LONGUEURS TOTALES DU TRAJET ENTRE PARIS ET LE HAVRE.

POUR LE TRACÉ DE LA COMPAGNIE RIANT.	POUR LE TRACÉ DE M. DÉFONTAINE.
Le trajet total est de. . . . . 225,955 ᵐ	Le trajet total est de. . . . . 223,377 ᵐ

D'où résulte une différence de 2,578 mètres en faveur du tracé par Gisors.

PENTES.

Les pentes du tracé de la compagnie Riant sont de 4 millimètres 1/2 pendant 36,365 ᵐ; de 4 millimètres pendant 6,000 mètres, et de 3 millimètres 1/4 et au-dessous sur le reste de l'étendue de cette ligne, qui est de. . . . . 48,555 ᵐ

Les pentes du tracé de M. Défontaine sont :

De 3 millimètres 1/2 pendant 63,175 mètres; de 2 millimètres 1/2 sur 4,300 ᵐ, et de niveau sur 20,110 mètres.

La pente maxima est moindre d'un millimètre dans le projet de M. Défontaine que dans le nôtre, mais elle règne sur la presque totalité de son projet, et il n'obtient cette modération de pente qu'au moyen d'augmentations considérables dans la longueur des souterrains, ainsi que du nombre et de la hauteur des viaducs, en partant à Rouen d'un point situé hors de la ville, à 55 mètres et demi d'élévation au-dessus du quai, et en arrivant au Havre par une levée qui a une hauteur moyenne de 11 mètres sur une longueur de 1,100 mètres dont l'extrémité se trouve à 8 mètres 50 c. d'élévation au-dessus du sol de la ville et des quais de ses bassins, et qui dominerait entièrement ses remparts.

PONTS.

Le tracé de la compagnie Riant exige un grand pont en deux parties sur deux bras de la Seine, immédiatement au-dessus de Rouen; il est estimé. . . . . 2,000,000 f.

Le tracé de M. Défontaine n'exige aucun grand pont.

SOUTERRAINS.

La longueur totale des souterrains du tracé de la compagnie Riant serait de 6,290 ᵐ

La longueur des souterrains du projet de M. Défontaine est porté, dans son mémoire, à 5,840 avec des tranchées de 16 à 38 ᵐ de profondeur aux entrées de ces sou-

La longueur du souterrain le plus considérable [de notre projet n'est que de . . . . 2,425 m

terrains. En réduisant la hauteur maxima de ces tranchées à 16 mètres, cette longueur serait augmentée de 5,400 mètres, et la longueur totale serait par conséquent de 11,240 m, laquelle comprendrait un souterrain *continu de* 5,640 m sous la Chouette et la Brière, avant d'entrer dans la vallée de Saint-Laurent.

La différence entre les deux tracés est de 4,950 mètres de longueur de souterrains en moins pour le nôtre, et cependant nous n'avons pas fait l'application complète de la condition établie, car nous laissons subsister dans le projet de M. Défontaine, au-delà de Saint-Etienne, une tranchée de 16 à 18 mètres de profondeur sur une longueur de. . . .   300 m.

Une seconde tranchée sous Raflétot, de 16 à 17 mètres sur   2,000

Et une troisième tranchée sous la ferme de Courtipon, de 16 à 19 mètres sur.   250

Longueur des trois tranchées.   2,550

Nous aurions donc pu, à la rigueur, ajouter 2,550 mètres de plus à la longueur des souterrains, mais nous avons pensé que quand il n'y avait que 2 ou 3 mètres au-dessus de la limite, il valait mieux mettre le chemin en tranchée.

Il importe de faire remarquer ici qu'il ne suffirait pas d'élever jusqu'à 20, ni même jusqu'à 25 mètres, la limite de la profondeur des tranchées, pour pouvoir conserver celles que M. Défontaine a établies dans le but de diviser en trois sections son grand souterrain de la Chouette et de la la Brière, afin de l'aérer et de l'éclairer, parce que ces tranchées intercalaires ont depuis 32 jusqu'à 38 mètres de profondeur, en sorte que l'on ne peut éviter les inconvéniens d'un souterrain continu aussi long, qu'en admettant des tranchées de plus de 35 mètres.

VIADUCS.

Le tracé de la compagnie. Riant ne présente que huit viaducs, dont les élévations supérieures à 14 mètres varient de 16 à 25 mètres.

La hauteur moyenne de ces huit viaducs est de. 20m50

La somme de leurs longueurs est de 3,815m

Le tracé de M. Défontaine a dix-huit viaducs, dont les élévations varient de 15 à 33 mètres.

La hauteur moyenne de ces dix-huit viaducs est de 23m20

La somme de leurs longueurs est de 5,875m

Ainsi les viaducs du projet de M. Défontaine dépassent les viaducs du projet de la compagnie Riant, en nombre de. . . 10.

En élévation maxima de. . . . . 8 mètres.

En hauteur moyenne de. . . . . 2 m. 80.

Et en longueur de . . . . 2,060 m.

Il faut encore ajouter à ces ouvrages un ouvrage analogue, qui est aussi une cause de grande dépense et qui n'existe pas dans notre projet, c'est la levée de 11 mètres d'élévation moyenne sur 1,100 mètres de longueur sur laquelle le chemin de M. Défontaine arrive au Havre à plus de 8 mètres au-dessus du quai, tandis que nous n'avons qu'un remblai simple de 8 mètres de hauteur au point le plus élevé, et qui arrive à 2 mètres seulement de hauteur à l'entrée du Havre.

La grande élévation du point d'arrivée du chemin de M. Défontaine au Havre sera désagréable pour les voyageurs et incommode à la fois pour les chargemens et les déchargemens des marchandises, et pour le service du chemin lui-même, parce qu'il faudra descendre et remonter continuellement les machines, les voitures et les waggons, attendu que les remises et les ateliers de réparation ne pourront pas être établis à la hauteur de la plate-forme.

Indépendamment des dépenses des remblais nécessaires pour former cette levée, elle exige en outre trois arcades qui traverseront sa base, deux arcades sur le quai et un embarcadère muni de puissans mécanismes pour hisser les marchandises sur les plate-formes ou pour les en descendre.

DÉPENSES DES GRANDS OUVRAGES D'ART.

Conformément au principe que nous avons établi précédemment, nous nous bornerons à comparer ici les dépenses résultantes de l'exécution des grands ouvrages d'art dans les deux projets.

Le projet de M. Défontaine présente en excédant sur le nôtre pour le chemin du Havre :

1° Une longueur de souterrain en plus de 4,950 mètres qui, à 500 fr. le mètre courant, coûteraient. . . . . 2,475,000 fr.

2° Dix grands viaducs de 25 mètres 45 c. d'élévation

Report . . . 2,475,000

moyenne qui coûteraient environ.................... 3,400,000

A quoi il faut ajouter encore les frais de la grande levée du Havre, de 1,100 mètres de longueur, laquelle, avec ses cinq arcades et son embarcadère, coûtera au moins 400,000 fr. de plus que la levée simple de notre projet, ci... 400,000

Total pour les excédans des grands ouvrages d'art de ce projet.................... 6,275,000

Les excédans pour le nôtre se composent :

1° D'un surcroît de longueur du chemin à une voie avec un quart de la seconde voie en gares, de 6,535 mètres, qui coûtera........................ 849,550 fr.

2° D'un grand pont sur la Seine, estimé   2,000,000

Total pour notre projet..... 2,849,550   2,849,550

Déduisant cette somme de celle qui concerne l'autre projet, il reste en excédant pour le projet de M. Défontaine... 3,425,450

LOCOMOTION ENTRE PARIS ET LE HAVRE.

Il résulte des calculs établis dans les trois tableaux annexés à la première partie de ce Mémoire, que le trajet avec le même chargement sur chacun des deux tracés se fera en 5 heures 49 minutes par le nôtre, et en 5 heures 57 minutes par le tracé de M. Défontaine, et en supposant, comme on le doit pour une comparaison exacte, qu'il y ait obligation de faire le trajet dans le même temps par chacun des deux tracés, on trouve que le poids transporté sera de 7 1/2 pour 100 plus considérable par notre tracé que par celui de M. Défontaine.

3ᵉ LIGNE : CHEMIN SPÉCIAL DE DIEPPE.

LONGUEURS DU CHEMIN SPÉCIAL DE DIEPPE:

La longueur du chemin à exécuter spécialement pour Dieppe, en suivant notre tracé depuis son embranchement sur la ligne du Havre, près de Malaunay, jusqu'à la ville, est de. 55,955ᵐ

La longueur de la ligne spéciale, suivant le tracé de M. Défontaine, est de 53,807ᵐ, non compris la branche de raccordement sur la ligne de Rouen, et en ajoutant cette branche dont la longueur serait d'environ 1,200ᵐ. 55,007ᵐ

D'où résulte une différence de 948 mètres de moins, pour le tracé de M. Défontaine que pour le nôtre.

LONGUEUR DU TRAJET DE PARIS A DIEPPE.

Le trajet total de Paris à Dieppe est de 206,755 mètres par notre tracé, et de 171,059 mètres par le tracé de M. Défontaine; d'où résulte une différence à son avantage de. . . . . 35,700 mètres.

Cet avantage marqué est balancé d'une part par la nécessité de monter à un point de partage plus élevé, et surtout par l'inconvénient de ne pas passer par Rouen, ce qui obligera à avoir des convois particuliers pour les voyageurs qui voudront s'arrêter à Rouen, lesquels devront quitter à Blainville la ligne directe de Paris à Dieppe.

Il nous a paru qu'il convenait mieux de lier Rouen et Dieppe par une ligne commune, et que ce tracé était dans l'intérêt commun des deux villes, parce que si, d'une part, Dieppe trouve plus d'avantage dans le tracé de M. Défontaine, pour sa communication avec Paris, elle en trouve moins pour ses communications avec Rouen et avec le Havre.

PENTES.

La pente maxima de notre tracé de Paris à Dieppe est de 5 millimètres; elle règne pendant 26,670 mètres.

Il y a 20,360ᵐ en pentes de 4 millimètres à 4 millimètres 3/4.

Les pentes douces ne dépassant pas 2 millimètres règnent sur une longueur de 6,475ᵐ

Et l'on arrive au niveau du quai du Bassin supérieur;

La pente maxima de M. Défontaine, pour cette ligne, est de 3 millimètres 1/2, mais elle règne pendant 52,257 mètres.

Les pentes douces ne dépassant pas 2 millimètres ne règnent que pendant. . 1,550ᵐ

Et l'on arrive à Dieppe sur une grande levée de 8ᵐ de hauteur sur 550ᵐ de longueur, et dont l'élévation à l'entrée de la ville est de 6ᵐ99 au-dessus du quai du Bassin.

SOUTERRAINS.

Il n'y a, par le tracé de la Compagnie Riant, qu'un seul souterrain, dont la longueur est de 600ᵐ

La longueur des souterrains du tracé de M. Defontaine serait, en réduisant les tranchées à 16ᵐ, de 3,700ᵐ

Différence en moins en faveur de notre tracé. . . . . 3,100 mètres.

VIADUCS.

Dans notre tracé il y a 3 viaducs ; leurs élévations varient de 14 à 17 mètres.

Dans le tracé de M. Defontaines il y a 14 viaducs ; leurs élévations varient de 14 à 28 mètres.

Leur hauteur moyenne est de. .   15ᵐ66
La hauteur maxima est de . . .   17ᵐ32
Et la somme des longueurs de . 1,175ᵐ

Leur hauteur moyenne est de. .   18ᵐ40
La hauteur maxima est de . . .   28ᵐ50
Et la somme des longueurs de .   3,750ᵐ

Ainsi, les viaducs du projet de M. Défontaine dépassent ceux de notre projet, savoir :

De 11 pour le nombre ;

De 2 mètres 74 pour la hauteur moyenne ;

De 11 mètres 18 pour la hauteur maxima ;

Et de 2,575 mètres pour la somme des longueurs moyennes.

Il faut ajouter encore la levée de 8 mètres d'élévation moyenne, sur 550 mètres de longueur, par laquelle le chemin de M. Défontaine arrive à Dieppe, et les neuf arcades en maçonnerie de 7 mètres d'élévation qui la terminent, ainsi que l'embarcadère de même élévation qu'il faudra établir pour le service du chemin de fer, parce qu'il n'existe rien de semblable dans notre projet.

DÉPENSES DES GRANDS OUVRAGES D'ART.

Notre projet présente un excédant de longueur de 948 mètres qui, à raison de 130 francs le mètre courant, coûteraient. . . . .   123,240 fr.

Le projet de M. Défontaine présente 3,100 mètres de souterrains en plus, lesquels au prix moyen de 500 fr. le mètre courant, vaudraient.   1,550,000

Et neuf viaducs de 18 mètres 44 de hauteur moyenne,

	Report. . . .	1,550,000 fr.
et de 2,575 mètres de longueur ensemble, qui coûteront environ		2,600,000
La levée de Dieppe avec ses neuf arcades et son embarcadère, coûtera au moins		500,000
Total pour le projet de M. Défontaine . .		4,650,000
En déduisant de cette somme la dépense qu'exige la longueur en plus du chemin par notre projet qui est comme ci-dessus de		123,240
Il reste en excédant pour le projet de M. Défontaine .		4,526,760

LOCOMOTION.

Il résulte des calculs établis dans les tableaux joints à la première partie de notre Mémoire, qu'en supposant les convois égaux en charge, le trajet se fera de *Paris à Dieppe* en 5 heures 24 minutes par le projet de la compagnie, et en 4 heures 36 minutes par l'autre tracé.

D'où résulte un avantage de 48 minutes en faveur du tracé de Gisors.

Et en supposant les temps de parcours égaux, la différence des charges serait de 40 p. 0/0 en faveur du tracé de M. Défontaine; mais cet avantage, qui pourrait être décisif, si le but que l'on se propose était la communication de Dieppe avec Paris, disparaît dès que l'on restitue à Rouen la juste prépondérance qui lui appartient, et que l'on fait entrer en ligne de compte la communication particulière de Dieppe avec Rouen, qui mérite d'autant plus d'être prise en considération qu'elle est d'un très-grand intérêt pour la ville de Dieppe elle-même.

En ayant égard aux services que doit rendre chacune des communications de Paris avec Rouen et avec Dieppe, et de Dieppe avec Rouen, et en les comprenant toutes trois dans les calculs comparatifs de locomotion, comme nous l'avons fait dans la première partie de ce Mémoire, on trouve que notre tracé présente en somme, pour ces trois communications considérées dans leur ensemble, une économie réelle de 20 p. 0/0, ou d'un cinquième, et il faut remarquer que dans ces calculs nous n'avons tenu aucun compte des intérêts des villes de Louviers et d'Elbeuf, qui méritent bien cependant qu'on y ait égard, et qui ajoutent un grand poids dans la balance en faveur du tracé qui suit la vallée de la Seine

RÉCAPITULATION SOMMAIRE
DES ÉLÉMENS COMPARATIFS POUR L'ENSEMBLE DES TROIS LIGNES PRINCIPALES ET DES EMBRANCHEMENS DE LOUVIERS ET D'ELBEUF.

En considérant l'ensemble des trois lignes principales de Paris à Rouen, au Havre et à Dieppe, et des embranchemens nécessaires pour les communications de Louviers et d'Elbeuf avec Paris, avec Rouen et avec le Havre, embranchemens que l'on ne peut se dispenser d'exécuter, quel que soit le tracé que l'on adopte, on a les résultats suivants :

LONGUEURS.

La longueur totale des diverses lignes de chemins de fer indispensables pour desservir Rouen, le Havre, Dieppe, Louviers et Elbeuf, est, en suivant les tracés du projet de M. Défontaine, de...... 337,359 mètres.

Et en suivant les tracés de la compagnie Riant, de. 304,200

Différence à l'avantage du projet de la C^e Riant. 33,159

En faisant la balance des dépenses d'exécution en plus pour les différences de longueurs de chemins de fer, tant à double voie qu'à voie simple avec gares, dans les trois lignes et les embranchemens que nous avons comparés, on trouve finalement un excédant de..... 4,463,470 fr. pour le projet de M. Défontaine.

PENTES.

La pente maxima du projet de M. Défontaine est de 3 millimètres 1/2, qui règnent sur une longueur totale de............. 228,018 mètres

Les pentes de 3 millimètres et au-dessous, et ses parties de niveau ont, dans son projet, une longueur totale de 121,249

Nos pentes supérieures à la pente maxima de M. Défontaine, sont de 5 millimètres, dans la ligne de Dieppe seulement, sur................................. 26,670

Report.......... 26,670

De 4 millimètres 3/4 à 4 millimètres, sur......... 56,550

Et de 4 millimètres sur....................... 10,395

Total des pentes supérieures à 3 millimètres et demi. 93,615

Les deux dernières pentes n'existent que dans les chemins du Havre et de Dieppe.

Nos pentes de 3 millimètres et au-dessous, règnent dans nos tracés sur une longueur totale de......................... 204,037 mètres.

Si d'une part nous avons des pentes maxima plus fortes d'un millimètre et d'un millimètre et demi que M. Défontaine, pendant 93,615 mètres, d'un autre côté, nos pentes douces, inférieures à sa pente maxima de 3 millimètres 1/2, règnent pendant 82,818 m de plus dans notre projet que dans le sien ; ce qui, sous le rapport de la locomotion, fait plus que compenser l'effet des pentes supérieures ; comme le prouvent les résultats des calculs dans lesquels on a tenu compte des influences des unes et des autres et qui sont consignés dans le tableau joint à la première partie de ce Mémoire.

GRANDS PONTS.

Dans le projet de la compagnie Riant, il y a six grands ponts sur la Seine, estimés ensemble.......................... 6,150,000 fr.

Dans le projet de M. Défontaine, il y a un pont sur l'Oise, un pont sur l'Andelle, traversant un remblai de 97 mètres de base, et trois grands ponts sur la Seine ; ces cinq ponts sont estimés ensemble................ 3,500,000

La différence, dans les dépenses qu'exigeraient ces ouvrages dans les deux projets, serait de. . . . . 2,650,000 fr. en plus pour le projet de la compagnie Riant.

SOUTERRAINS ou TUNNELS.

En limitant, comme il nous parait raisonnable de le faire, les profondeurs des tranchées qui précèdent les souterrains à 16 mètres, les longueurs totales des percemens à faire dans les deux projets, sont :

Pour le projet de M. Défontaine, de........... 23,210 mètres.

Et pour le projet de la compagnie Riant, de..... 10,980

Ce qui donne une différence en plus pour le projet de M. Défontaine, de........................ 12,230

Les 12,230 mètres estimés, au prix moyens de
500 fr. le mètre courant, coûteront environ....... 6,115,000 fr.

VIADUCS.

Le nombre total des grands viaducs, c'est-à-dire qui ont plus de 14 mètres d'élévation au milieu, est :

Pour le projet de M. Défontaine, de...................... 49
Et pour le projet de la compagnie Riant, de.............. 12

Différence en plus pour M. Défontaine.................... 37

Le viaduc le plus élevé de notre projet a 25 mètres de hauteur au milieu ; il y a dans le projet de M. Défontaine douze viaducs dont les hauteurs
s'élèvent depuis 25 jusqu'à 36 mètres.

La hauteur moyenne des 37 viaducs qui sont en excédant dans le projet
de M. Défontaine, est de 21^m 65 ;

Et la somme de leurs longueurs moyennes est de 9,110^m.

Les dépenses qu'exigerait cette masse immense de remblais et les 45
voûtes à construire à travers leurs bases, pour les passages des rivières, des ruisseaux et des chemins, ne peuvent être évaluées à moins
de... 11,000,000 fr.

De plus, M. Défontaine arrive au Havre et à Dieppe
sur des levées extraordinaires dont notre projet est
exempt.

Ces deux levées ensemble avec leurs arcades et leurs
grands embarcadères, déterminent encore un excédant
de dépenses de................................... 1,130,000

Total des excédans pour les viaducs et les grandes
levées... 12,130,000

En rapprochant les estimations approximatives des excédans de dépenses
qu'exigeront les principaux travaux dans chacun des deux projets, on a
pour le projet de M. Défontaine :

1° Pour excédant de longueur du chemin de fer.. 4,463,470 fr.

Report. . . . 4,463,470 fr.

2° Pour excédant de longueur de ses souterrains . . 6,115,000

3° Pour ses 37 grands viaducs en plus et pour les
voûtes qui les traverseront. 11,000,000

4° Pour le plan incliné de Rouen. 200,000

Et 5° pour les deux grandes levées du Havre et de
Dieppe 1,130,000

Somme totale des dépenses excédantes pour ce
projet 22,908,470

Pour le projet de la compagnie Riant, il n'y a qu'un
seul article qui présente un excédant de dépense, c'est
celui des grands ponts sur la Seine; il s'élève (voyez
page 74) à la somme de. 2,650,000

En la déduisant de la somme totale du projet opposé,
il reste un excédant de dépense pour le projet de
M. Défontaine, de. 20,258,470

LOCOMOTION.

Pour le service de locomotion, il est constaté par les calculs établis
dans les différentes parties de ce Mémoire ;

Que pour le chemin de Paris à Rouen, le projet de la compagnie Riant
a un avantage de 30 pour cent ;

Que pour l'embranchement de Louviers, notre avantage est de 44 pour
cent, et pour celui d'Elbœuf de 18 pour cent ;

Que pour le chemin de Paris au Havre, notre projet a un avantage de
7 et demi pour cent ;

Que pour la communication de Rouen au Havre, le service des transports sera à très-peu près le même sur les deux directions ;

Que pour le chemin de Paris à Dieppe, le projet de M. Défontaine a un
avantage de 40 pour cent ;

Que pour la communication de Dieppe avec Rouen, notre projet offre
un avantage de 14 pour cent ;

Et qu'en réunissant les deux communications de Paris avec Rouen et
avec Dieppe, et en y joignant celle de Dieppe avec Rouen, qui est d'un

grand intérêt pour ces deux villes, on trouve en résultat un avantage moyen de 20 pour cent, ou d'un cinquième en faveur du projet de la compagnie Riant.

RÉSUMÉ.

Les désavantages marqués qui résultent, pour le projet de M. Défontaine, des comparaisons qui précèdent, nous paraissent incontestables, parce qu'ils résultent de calculs positifs établis sur les données de son propre projet. Ces désavantages consistent principalement dans l'excédant d'étendue de chemin de fer à exécuter pour établir les communications principales; dans les longueurs des souterrains; dans le nombre et les dimensions de ses viaducs; dans les dépenses extraordinaires de ses grands ouvrages d'art; et enfin dans l'infériorité de toutes ses communications, à l'exception seulement de celle de la ligne de Dieppe, sous les rapports de la célérité et de l'économie du service des transports. Ils sont à nos yeux les conséquences des conditions dans lesquelles cet ingénieur s'est placé, en choisissant la direction générale des plateaux de Gisors, plutôt que la voie si naturelle et si favorable de la vallée de la Seine, et en s'imposant pour les pentes la limite de 3 millimètres et demi. C'est évidemment de cette dernière condition que dérivent le nombre et les longueurs extraordinaires de ses percemens, la profondeur de ses tranchées, ainsi que les hauteurs de ses viaducs et les grandes levées sur lesquelles il fait arriver son chemin au Havre et à Dieppe, et qui seront fort incommodes pour les voyageurs, pour les chargemens des marchandises, et pour le service du chemin lui-même.

Assurément, il y a toujours avantage à réduire le plus possible les pentes d'un chemin de fer, mais il y a pour ces sortes de chemins, comme pour tous les ouvrages d'art, une limite raisonnable à assigner au degré de perfection que l'on peut leur donner, limite au-delà de laquelle ce qui est mieux au jugement exclusif des hommes de l'art, est une faute aux yeux des économistes et des capitalistes.

Pour nous, persuadés que la réalisation d'un chemin de fer aussi étendu présente déjà d'assez grandes difficultés; que la très-grande vitesse, c'est-à-dire celle qui dépasse huit lieues à l'heure (et pour laquelle seulement les pentes très-douces sont indispensables), n'est pas la condition principale de ce chemin ; que si elle peut être désirable, ce ne peut être que pour la première partie du chemin de Paris à Rouen ; et qu'enfin l'abaissement des pentes, loin d'être une cause de succès, deviendrait, par les conséquences qu'elle entraîne, une cause d'empêchement pour l'exécution de ce chemin, nous nous sommes bornés à établir la pente la plus douce possible, en ne dépassant pas 3 millimètres, entre Paris et Rouen, et cela sans sacrifices extraordinaires, parce que la direction que nous avons choisie donne à cet égard de grandes facilités. Quant aux chemins secondaires du Havre et de Dieppe, qui présentaient plus de difficultés d'exécution, nous avons porté nos pentes sur une partie de chacun de ces deux chemins, un peu plus haut, savoir à 4 millimètres et demi pour le Havre, et à cinq millimèttres pour Dieppe : c'est à cette détermination que nous devons de n'avoir que des souterrains de longueurs modérées et qui en somme ne s'élève pas à la moitié de la longueur de percemens de l'autre tracé. Nous lui devons aussi l'avantage de n'avoir qu'un petit nombre de viaducs, de n'en avoir aucun dont la hauteur maxima dépasse 25 mètres, d'arriver au Havre à deux mètres seulement d'élévation au-dessus des quais ; et à Dieppe, au niveau du bord du bassin ; et enfin, d'avoir beaucoup moins de dépenses en grands ouvrages d'art.

Nous ferons remarquer, au sujet de cet article, que l'élévation des frais d'exécution n'est pas le seul inconvénient des ouvrages d'art de très-grande dimension ; mais que toutes les fois que l'on dépasse dans leur établissement les limites ordinaires, on est exposé à une foule d'avaries, toujours graves quand on agit sur de grandes masses, et à des frais d'entretien perpétuels et fort dispendieux. Aussi voit-on généralement les capitalistes sages répugner à se charger des entreprises dans lesquelles il se trouve des ouvrages d'art de très-grande dimension ; c'est pourquoi nous croyons que pour assurer l'exécution d'un chemin de fer, il vaut beaucoup mieux lui donner, dans les terrains difficiles, des pentes un peu plus fortes, qui n'ont d'autre inconvénient que de ralentir momentanément la vitesse dans ces passages, que de les hérisser de souterrains et de grands viaducs, pour leur procurer l'avantage plus spécieux que réel de ne jamais dépasser une limite déterminée dans les pentes.

En effet, on voit par les calculs comparatifs que nous avons produits, que quoique la pente maxima de notre chemin du Havre excède entre le

Havre et Rouen la pente maxima du tracé correspondant de M. Défontaine, d'un millimètre pendant 36,365 mètres, cependant notre projet
conserve sur le sien un avantage de 7 1/2 pour cent pour le trajet entier
de Paris au Havre, parce que cet excédant de pente est plus que compensé par la douceur plus grande de nos pentes dans la vallée de la Seine,
et parce que notre tracé dispense de monter sans utilité, comme on est
obligé de le faire, en s'élevant sur les plateaux de la rive droite, dont il
faut descendre ensuite pour passer à Rouen.

Après des preuves aussi multipliées et aussi positives de la supériorité
du tracé qui suit la vallée de la Seine, sur le tracé des plateaux, nous nous
croyons fondés à regarder notre projet comme véritablement meilleur et
plus facilement exécutable que celui de la rive droite, et à répéter ici de
nouveau, et avec plus d'assurance encore, ce que nous avons dit à la fin
de la première partie de ce Mémoire, savoir : que notre projet nous paraît
remplir bien plus complètement que celui de M. Défontaine les conditions
principales d'utilité publique.

Paris, le 30 janvier 1837.

Polonceau.   Bélanger.

MOREAU ET BRUNEAU, IMPRIMEURS, RUE MONTMARTRE, N° 39.

www.ingramcontent.com/pod-product-compliance
Lightning Source LLC
Chambersburg PA
CBHW071241200326
41521CB00009B/1575